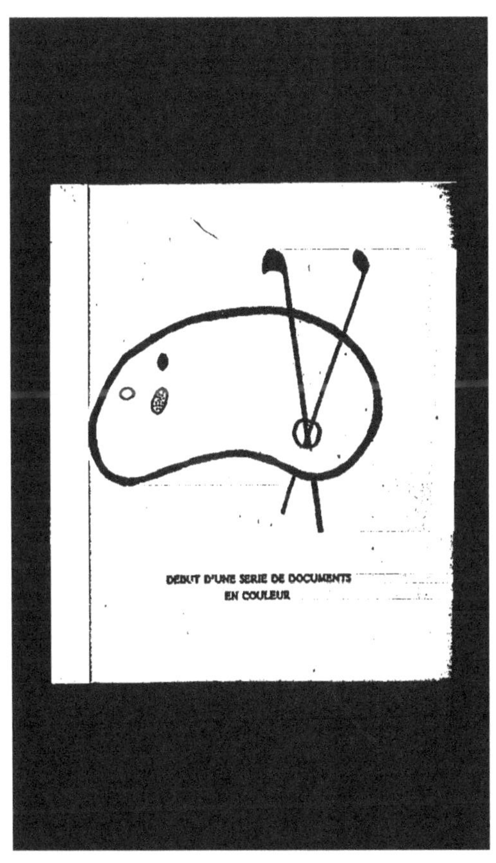
DEBUT D'UNE SERIE DE DOCUMENTS
EN COULEUR

SCIENCE ET RELIGION
Études pour le temps présent

Questions de droit civil et ecclésiastique   247

DE LA LOCATION
DES SIÈGES D'ÉGLISE

PAR

Lucien OROUZIL

Docteur en droit
Licencié en droit canonique
Chargé de Cours à l'Institut catholique de Toulouse

PARIS
LIBRAIRIE BLOUD & Cie

4, RUE MADAME ET RUE DE RENNES, 59

1903

SCIENCE ET RELIGION

Études pour le temps présent. — Prix : 0 fr. 60 le vol.

— Certitudes scientifiques et certitudes philosophiques, par le R. P. DE LA BARRE, S. J., prof. à l'Institut catholique de Paris. 1 vol.
— *Du même auteur :* L'Ordre de la nature et le Miracle. 1 vol.
— L'Ame de l'homme, par J. GUIBERT, supérieur du séminaire de l'Institut catholique de Paris. 1 vol.
— Faut-il une religion ? par l'abbé GUYOT. 1 vol.
— *Du même auteur :* Pourquoi y a-t-il des hommes qui ne professent aucune religion ? 1 vol.
— Nécessité scientifique de l'existence de Dieu, par P. COURBET. 1 vol.
— *Du même auteur :* Jésus-Christ est Dieu. 1 vol.
    id.   Convenance scientifique de l'Incarnation. 1 vol.
— Études sur la pluralité des mondes habités et le dogme de l'Incarnation, par le R. P. ORTOLAN.
I. — *L'Épanouissement de la vie organique à travers les plaines de l'infini.* 1 vol.
II. — *Soleils et terres célestes.* 1 vol.
III. — *Les Humanités astrales et l'Incarnation.* 1 vol.
— *Du même auteur :* La Fausse Science contemporaine et les Mystères d'Outre-tombe. 1 vol.
    id.   Vie et Matière ou Matérialisme et spiritualisme en présence de la Cristallogénie. 1 vol.
    id.   Matérialistes et Musiciens. 1 vol.
— L'Au-delà ou la Vie future d'après la foi et la science, par l'abbé J. LAXENAIRE. 1 vol.
— Le Mystère de l'Eucharistie. — Aperçu scientifique, par l'abbé CONSTANT. 1 vol.
— *Du même auteur :* Le Mal, sa nature, son origine, sa réparation. 1 vol.
— L'Eglise catholique et les Protestants, par G. ROMAIN, 1 vol.
— *Du même auteur :* L'Inquisition, son rôle religieux, politique et social. 1 vol.
— Mahomet et son œuvre, par I. L. GONDAL, professeur d'apologétique et d'histoire au séminaire Saint-Sulpice. 1 vol.
— *Du même auteur :* L'Eglise Russe. 1 vol.
— Christianisme et Bouddhisme (*Études orientales*), par l'abbé THOMAS, vicaire général de Verdun. 2 vol.
— *Du même auteur :* Dieu auteur de la vie. 1 vol.
    id.   La Fin du monde d'après la Foi. 1 vol.
— Où en est l'hypnotisme, son histoire, sa nature et ses dangers, par A. JEANNIARD DU DOT, auteur du *Spiritisme dévoilé.* 1 vol.
— *Du même auteur :* Où en est le Spiritisme. 1 vol.
    id.   L'Hypnotisme et la science catholique. 1 vol.
    id.   L'Hypnotisme transcendant en face de la philosophie chrétienne. 1 vol.

— L'Apologétique historique au XIX⁰ siècle. La Critique irréligieuse de Renan, etc., par l'abbé Ch. Denis. 1 vol.
— Nature et Histoire de la liberté de conscience, par l'abbé Canet. 1 vol.
— L'Animal raisonnable et l'Animal tout court, par C.⁰ de Kirwan. 1 vol.
— La Conception catholique de l'Enfer, par l'abbé Brémond. 1 vol.
— L'Attitude du catholique devant la Science, par G. Fonsegrive. 1 vol.
— Du même auteur : Le Catholicisme et la Religion de l'Esprit. 1 vol.
— Du Doute à la Foi, par le R. P. Tournebize, S. J. 1 vol.
— Du même auteur : Opinions du jour sur les peines d'outre-tombe. 1 vol.
— La Synagogue moderne, sa doctrine et son culte, par A. F. Saubin. 1 vol.
— Du même auteur : Le Talmud et la Synagogue moderne. 1 vol.
— Evolution et Immutabilité de la doctrine religieuse dans l'Eglise, par M. Prunier, supérieur de grand séminaire. 1 vol.
— La Religion spirite, son dogme, sa morale et ses pratiques, par I. Bertrand. 1 vol.
— Du même auteur : L'Occultisme ancien et moderne. 1 vol.
— L'Hypnotisme franc et l'Hypnotisme vrai, par le Docteur Hélot. 1 vol.
— L'Eglise et le Travail manuel, par l'abbé Sabatier. 1 vol.
— Unité de l'espèce humaine, *prouvée par la similarité des conceptions et des créations de l'homme*, p. le marquis de Nadaillac. 1 vol.
— Du même auteur : L'Homme et le Singe. 2 vol.
— Le Socialisme contemporain et la Propriété, par M. G. Ardant. 1 vol.
— Pourquoi le Roman à la mode est-il immoral et pourquoi le Roman moral n'est-il pas à la mode ? p. G. d'Azambuja. 1 vol.
— Comment se sont formés les Evangiles ? par le P. Th. Calmes, professeur au grand séminaire de Rouen. 1 vol.
— L'Impôt et les Théologiens, *Etude philosophique, morale et économique*, par le comte de Vorges, ancien ministre plénipotentiaire, membre de l'Académie de Saint-Thomas, etc., etc. 1 vol.
— Du même auteur : Les Ressorts de la Volonté et le libre arbitre. 1 vol.
— Nécessité mathématique de l'existence de Dieu. *Explications. — Opinions, Démonstrations*, par René de Cléré. 1 vol.
— Saint Thomas et la Question juive, par Simon Deploige, professeur de l'Université Catholique de Louvain. 1 vol.
— Premiers principes de Sociologie Catholique, par l'abbé Naudet. 1 vol.
— La Patrie. — *Aperçu philosophique et historique*, par J. M. Villefranche. 1 vol.
— Le Déluge de Noé et les races Prédiluviennes, par C. de Kirwan. 2 vol.
— La Saint-Barthélemy, par Henri Hello. 1 vol.
— L'Esprit et la Chair. *Philosophie des macérations*, par Henri Lasserre, auteur de *Notre-Dame de Lourdes*, etc., etc. 1 vol.

— Le Levier d'Archimède ou la Mécanique céleste et le Céleste mécanicien, par le R. P. Ortolan. 2 vol.
— Ce que le Christianisme a fait pour la femme, par O. d'Arambuja. 1 vol.
— L'Hypnotisme et la Stigmatisation, par le Dr Imbert-Gourbeyre. 1 vol.
— L'Education chrétienne de la Démocratie, *essai d'apologétique sociale*, par Ch. Calippe. 1 vol.
— La Religion catholique peut-elle être une science ? par l'abbé G. Frémont. 1 vol.
— *Du même auteur :* Que l'Orgueil de l'Esprit est le grand écueil de la Foi, *Théodore Jouffroy, Lamennais, Ernest Renan,* 1 vol.
— La Révélation devant la Raison, par F. Verdier, supérieur de Grand Séminaire. 1 vol.
— Confréries musulmanes. — *Histoire, Discipline, Hiérarchie,* par le R. P. Petit. 1 vol.
— Pratique de la Liberté de conscience dans nos Sociétés contemporaines, par l'abbé Canet. 1 vol.
— Comment peut finir l'univers, d'après la science, par G. de Kirwan. 1 vol.
— Les Théories modernes de la criminalité, par le Docteur Delassus. 1 vol.
— Faillite du matérialisme par Pierre Courbet, 3 vol. *se vendant séparément :*
   I. — *Historique* 1 vol.
   II. — *Discussion ; l'atome et le mouvement.* 1 vol.
   III. — *Discussion ; l'éther, les gaz, l'attraction. Conclusion. — Appendice.* 1 vol.
— Le Globe terrestre, par A. de Lapparent, Membre de l'Institut, professeur à l'Ecole libre des Hautes Etudes, 3 vol. *se vendant séparément.*
   I. — *La Formation de l'écorce terrestre.* 1 vol.
   II. — *La nature des mouvements de l'écorce terrestre.* 1 vol.
   III. — *La Destinée de la terre ferme et la Durée des temps,* 1 vol.
— De la Connaissance du Beau, *sa définition, application de cette définition aux beautés de la nature,* par l'abbé Gardait, archiprêtre de la Cathédrale de Nantes. 1 vol.
— Le Diable dans l'Hypnotisme, par le docteur Ch. Hélot. 1 vol.
— De la Prospérité comparée des nations protestantes et des nations catholiques, *au point de vue économique, moral, social,* par le R. P. Flamérion, S. J. 1 vol.
— L'Art et la Morale, par le P. Sertillanges, dominicain, docteur en théologie. 1 vol.
— La Sorcellerie, par I. Bertrand. 1 vol.
— Qu'est-ce que l'Ecriture sainte ? *Les Livres inspirés dans l'antiquité chrétienne : Théorie de l'inspiration,* p. le P. Th. Calmes. 1 vol.
— Les Morts reviennent-ils ? par I. Bertrand. 1 vol.

(Demander la liste **complète** *des volumes* **Science et Religion,** *parus à ce jour).*

SAINT-AMAND (CHER). — IMPRIMERIE BUSSIÈRE

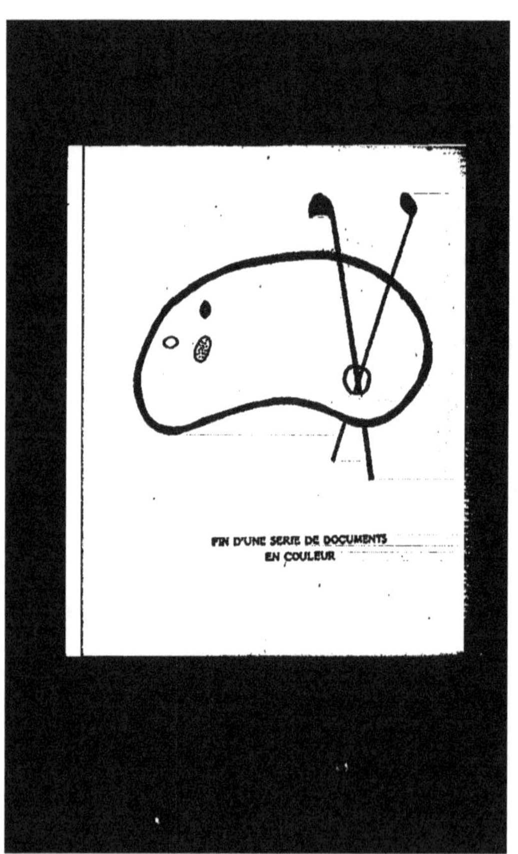

FIN D'UNE SÉRIE DE DOCUMENTS
EN COULEUR

SCIENCE ET RELIGION
Études pour le temps présent

Questions de droit civil et ecclésiastique

DE LA LOCATION

DES SIÈGES D'ÉGLISE

PAR

Lucien CROUZIL

Docteur en droit
Licencié en droit canonique
Chargé de Cours à l'Institut catholique de Toulouse

PARIS
LIBRAIRIE BLOUD & Cᵗ

4, RUE MADAME ET RUE DE RENNES, 59

1903

DES SIÈGES D'ÉGLISE

CHAPITRE PREMIER

DE L'OPÉRATION DE LOCATION OU DE CONCESSION DES SIÈGES D'ÉGLISE.

Ce chapitre peut logiquement se diviser en cinq paragraphes :

§ 1. — Location des bancs et chaises,

§ 2. — Concession des bancs et des chaises (1)

§ 3. — Privilèges des bienfaiteurs et fondateurs des églises.

§ 4. — Divers modes d'exploitation des sièges non concédés.

§ 5. — Produit des locations et des concessions,

§ 1. — *Location des bancs et chaises.*

Les bancs et chaises d'église, lorsqu'ils ne sont pas concédés pour plusieurs années, pour un an, pour

(1) On ne doit pas attacher une grande valeur juridique

six mois, etc., appartiennent au premier occupant, à la condition que celui-ci paye le prix fixé par le tarif et ne se place pas dans l'un des lieux de l'église réservés soit à l'autorité civile soit à l'autorité ecclésiastique, ou dont l'accès est interdit par les saints canons.

Bien que le droit du premier occupant soit certain, il arrive cependant que lorsque le prix de location est fixé par abonnement, les abonnés, s'emparent des meilleures places, marquent les chaises de leur nom et empêchent ainsi, même en leur absence, les autres fidèles d'approcher de l'autel ou de la chaire. Cette manière d'agir est abusive, et les fabriques des nombreuses paroisses où un usage immémorial l'autorise, agiraient sagement en suivant l'exemple donné par la Fabrique de l'église Saint-Roch, à Paris, qui dans son règlement du 2 décembre 1864 a décidé que les abonnés qui ne seraient pas arrivés à leur place avant l'épître ou dans les dix minutes qui suivent le commencement des offices autres que la messe n'auraient pas le droit de réclamer les chaises dont ils usent habituellement.

Tout ceci doit s'entendre des chaises qui sont louées par abonnement, sans indication de place particulière. Si une personne s'abonnait à une chaise parce qu'elle aura toujours le droit, par exemple, de se placer au premier rang, devant l'autel ou devant la chaire, la Fabrique serait liée par la convention et ne pourrait faire de règlement en sens contraire sans s'exposer à

à la différence des deux expressions : *location* et *concession*. Ainsi que le démontre la suite de cet ouvrage, le mot *concession* ne signifie autre chose qu'une location à long terme et opérée suivant certaines formes,

une demande d'indemnité ou de restitution partielle du prix (art. 1131 c. c.).

Les Fabriques qui veulent *louer* (1) leurs sièges doivent, en premier lieu, établir un tarif fixe. — Sous l'ancien droit, c'était l'assemblée générale de la paroisse qui taxait le prix des chaises; cette taxe pouvait néanmoins être établie par le bureau ordinaire. D'après l'article 4 du décret du 18 mai 1806, le tarif dut être arrêté par l'évêque et le préfet (2); mais l'article 64 du décret de 1809 a abrogé cette règle (3) en ordonnant qu'il serait établi par délibération du bureau des marguilliers, approuvée par le Conseil de Fabrique: cette délibération doit être affichée dans l'église.

On s'est demandé si l'évêque pouvait modifier le tarif régulièrement établi. Cette question s'est surtout posée en 1846, lorsque Mᵍʳ Affre rendit une ordonnance pour abaisser au taux de 0 fr. 05 c. le tarif des chaises, dans toutes les églises de Paris. L'ordonnance de Mᵍʳ Affre fut déférée au ministre des cultes, qui décida que l'évêque diocésain ne pouvait prétendre au droit de modifier les délibérations sur

(1) Nous n'étudions ici que les locations consenties au premier occupant moyennant tel ou tel prix par office, ou moyennant un prix d'abonnement établi par un tarif spécial.

(2) Article 3 du décret du 18 mai 1806: « Le tarif du prix des chaises sera arrêté par l'évêque et le préfet, et cette fixation *sera toujours la même* quelles que soient les réunions qui auront lieu dans l'église. » Voir lettre ministérielle du 23 mai 1839, circulaire du 21 mai 1854.

(3) Article 65 du décret du 30 décembre 1809: « Le prix des chaises sera réglé *pour les différents offices* par délibération du bureau approuvée par le Conseil; cette délibération sera affichée dans l'église. »

le tarif des chaises. (Archives du ministère des
cultes, note du ministre sur le projet d'ordonnance de
l'archevêque de Paris du 19 novembre 1848). Cette
solution, dit M. de Champeaux, serait vraie s'il s'agissait de réduire le tarif au détriment de l'adjudicataire
dans le cas de mise en ferme, ou au détriment de
tiers ayant traité avec la Fabrique. Mais, ajoute-t-il,
en s'appuyant sur une lettre du ministre des cultes du
3 mai 1844, l'article 64 n'a pas soustrait les fabriques
à la surveillance de l'autorité supérieure à laquelle
elles restent toujours soumises, d'où le droit d'intervenir pour l'évêque si les tarifs sont trop éle-
vés (1).

Nous sommes du même avis que M. de Champeaux ;
comme lui, nous croyons qu'indirectement, de par son
droit de surveillance, l'évêque peut obliger les Fabriques à diminuer ou à augmenter le prix des sièges.
La loi du 26 janvier 1892 et le décret du 27 mars 1893
laissent subsister en entier le droit d'approbation du
budget par l'évêque, droit établi par l'article 47
du décret de 1809 (2). Or ce pouvoir, disent
MM. Marquès di Braga et Tissier, comporte la faculté
de réduire ou d'élever le chiffre des recettes et des
dépenses portées au budget ainsi que celle de supprimer
des articles de recettes et de dépenses et d'en introduire
de nouveaux (3). Nous estimons toutefois que l'évêque,

(1) Voir de Champeaux, *Code des Fabriques*, t. II, pp.
201 et suiv.
(2) Voir les travaux préparatoires de la loi de 1892.
(Déclaration de M. Fallières dans la séance du 9 janvier 1892).
(3) Voir Marquès di Braga et Tissier, *Manuel théorique et
pratique de la comptabilité des Fabriques*, p. 130.

dans son arrêté d'approbation, doit motiver par des raisons sérieuses les modifications qu'il croirait devoir faire subir au tarif en augmentant ou en diminuant le chiffre des recettes et des dépenses que celui-ci propose. En cas de résistance de la part du Conseil, voici quel est le moyen pratique pour arriver à la solution de la difficulté ; après une entente préalable avec le ministre, l'évêque peut sommer le Conseil de Fabrique de réduire ou d'augmenter son tarif ; en cas de refus, la révocation du conseil peut être obtenue par l'évêque ; l'article 5 de l'ordonnance du 12 janvier 1825 porte, en effet, que le ministre des cultes peut, sur la demande de l'évêque et l'avis du préfet, révoquer le Conseil dans un certain nombre de cas qu'il énumère « et pour toute autre cause grave. » Il sera, dans ce cas, ajoute le § 2, pourvu à une nouvelle formation du Conseil, de la manière prescrite par l'article 6 du décret du 30 décembre 1809.

L'article 36 de ce dernier décret réserve à la Fabrique le monopole de la location et de la concession des chaises ou des bancs. Il porte, en effet : « Les revenus des fabriques se forment ; 1°..., 5° du prix de la location des chaises ; 6° de la concession des bancs placés dans l'église. » On peut donc se demander si les paroissiens peuvent apporter leurs chaises à l'église et en user sans acquitter la moindre rétribution. — Il est certain que les paroissiens peuvent apporter leurs chaises, à moins de défense expresse du Conseil ou du curé, par mesure de police (1) ; cette faculté ne saurait

(1) Décis. minist. du 3 décembre 1804 et du 30 juillet 1808. *Bull. des lois civ. ecclés.*, 1884, p. 356. — Béquet, *Répertoire de Droit administratif*, t. IX, v° Cultes n° 1630. —

nuire toutefois aux intérêts de la Fabrique, qui peut exiger, en tous cas, le prix ordinaire.

Certains auteurs ont prétendu que l'article 63 du décret de 1809 donne à la fois à la Fabrique le droit de louer la chaise et le droit de louer la place, de telle sorte que, l'un des droits étant abandonné, l'autre subsisterait toujours (1). Nous ne croyons pas exacte cette façon de raisonner, puisque l'article 63 lui-même défend de rien percevoir pour l'entrée de l'église plus que le prix des chaises : qu'est-ce à dire, sinon que cet article fait une distinction véritable entre le droit d'avoir une place à l'église, droit absolument gratuit, et celui d'avoir une chaise, qui seul doit donner lieu à perception de redevance?

La pratique générale se justifie suffisamment (2) en disant que la Fabrique a le monopole de la location de toutes les chaises (art. 36, 5° et 6°). En apportant sa chaise à l'église, même avec l'approbation du curé et du Conseil, toute personne fait subir à la Fabrique un dommage égal au prix d'une chaise ; et c'est ce prix qu'elle doit payer : le paiement de la taxe ordinaire nous apparaît moins comme le prix d'une location que comme une compensation équitable due à la Fabrique pour la faculté qui lui est laissée d'apporter à l'église un siège plus confortable que ceux dont usent les autres personnes. Nous ne sommes donc pas

M. Prompsault, *Dictionnaire raisonné*, t. 1, col. 709, ne reconnaît pas ce droit au curé, mais à tort.

(1) Béquet. *Répertoire de Droit administratif*, t. IX, v° Cultes, n° 1090.

(2) Voir dans notre sens la déc. minist. du 31 janv. 1812. De Champeaux, *Code des Fabriques*, p. 213. — Dalloz, *Répertoire*, v° Cultes n° 5231, etc., etc.

de l'avis des jurisconsultes qui prétendent que l'on peut bien interdire l'introduction de chaises étrangères, mais qu'on ne saurait en faire payer la location. (1).

Si, malgré la défense faite par le curé ou par la Fabrique, des fidèles s'obstinaient à apporter leurs chaises; qu'ils refusassent ou non de payer, le curé, agissant comme mandataire de la Fabrique, pourrait faire enlever ces chaises ou les retenir en gage à défaut de paiement; c'est là un acte d'administration qui ne peut être considéré comme une voie de fait ou une violence (2). Il est même possible de poursuivre les délinquants devant le Juge de paix ou de faire constater le désordre par un officier de police, dont le procès-verbal servira de base à la poursuite à laquelle s'exposent ceux qui troublent les exercices du culte (art. 261 du Code pénal).

Avant la Révolution de 1789 les curés jouissaient, ainsi que les marguilliers, du droit de faire ôter les chaises volantes apportées sans leur autorisation : ils ne permettaient d'ordinaire qu'aux infirmes et aux malades d'apporter des sièges en certains endroits de l'église qu'ils déterminaient le plus souvent une fois pour toutes (3).

(1) Entre autres, M. Prompsault, *Dictionnaire raisonné de jurisp. eccl.*, t. I, col. 769 et M. Gaudry, *Législation des Cultes*, t. II, p. 593.

(2) En ce sens, arrêts de la Cour de cassation du 9 décembre 1808 et du 3 mai 1838. Il est possible de faire saisir les chaises par voie d'huissier et de les faire vendre après jugement; il serait cependant préférable qu'une décision du Conseil déclarât qu'après tel délai et sans aucune formalité judiciaire, les chaises seront vendues au profit de l'église ou deviendront sa propriété. (Voir *Ami du Clergé*, 1892, p. 464.)

(3) Voir Boyer, *Principes sur l'administration des pa-*

§ 2. — *Concession des bancs et des chaises.*

La fabrique peut user de trois modes de concession des places, à savoir ;
1° Moyennant une prestation annuelle ;
2° En échange d'un immeuble ;
3° Moyennant une somme ou valeur mobilière payée une fois pour toutes.

Nous allons étudier successivement ces trois systèmes.

1. — *Concessions moyennant une prestation annuelle.* — Quand la Fabrique veut concéder ses sièges en échange d'une prestation annuelle, celui qui veut obtenir une ou plusieurs places doit adresser une demande sur papier timbré au bureau des marguilliers ; cette demande doit contenir l'offre d'une somme à payer chaque année. Le bureau doit publier cette demande par trois dimanches et la faire afficher à la porte de l'église pendant un mois (1), afin que chacun puisse obtenir la préfé-par une offre plus avantageuse (art. 69 du décret de 1809). Le mois expiré, le bureau fait son rapport au Conseil qui, par délibération spéciale, adjuge le banc au plus offrant. « Cette délibération, dit l'article 70, sera un titre suffisant. »

roisses, t. I, p. 178. Voir arrêt du Parlement de Paris du 29 Juillet 1769.

(1) L'inobservation de ces formalités et de celles que nous indiquons aux deux paragraphes suivants peut entraîner la nullité d'une concession de banc ou de place ; cette nullité couverte par la prescription de dix ans, conformément à l'article 1304 du Code civ. (Caen, 21 Janv. 1857. S, 57-2-248).

La copie de la délibération constitue le procès-verbal
d'adjudication qui doit être enregistré. (1) « La signature des concessionnaires n'est pas exigée sur ce procès-
verbal, dit M. La Rivierre (2) ; s'il faut poursuivre en
justice le paiement de la prestation annuelle, le trésorier agira en vertu du bail verbal qui a eu lieu par le
prononcé de l'adjudication et qui, 'en fait, est toujours
entouré d'une certaine publicité. Si la Fabrique tient
à se procurer un titre écrit, le trésorier, en délivrant la
quittance à talon pour le premier paiement, exigera sur
la souche la signature du concessionaire. »

Le Conseil peut encore, nous semble-t-il, se procurer
un titre écrit en faisant dresser par le bureau des marguilliers une double copie de la délibération (à laquelle
est unie, d'ordinaire, la demande de concession) ; l'une
des copies, destinée à servir de titre de preuve à la Fabrique, est signée par le concessionnaire ; l'autre, destinée à rester entre les mains du concessionnaire, 'est
signée par les marguilliers, mandataires légaux de la
Fabrique. — Aucun règlement n'exige l'intervention
du notaire ; cette intervention offre, cependant, l'avan-
tage d'assurer une plus grande régularité dans la procédure.

Les mots « titre suffisant » de l'article 70 indiquent
que l'approbation de l'évêque et celle du préfet ne sont

(1) A noter cependant qu'une décision ministérielle du
15 janv. 1872 porte que les Fabriques « n'ont pas à déclarer
les locations de places dans les églises qui sont consenties
verbalement, soit par une ou plusieurs années, soit pour la
vie des preneurs. » — Ces locations ne sont sujettes à l'enregistrement que lorsqu'elles ont été constatées par des actes
passés dans la forme notariée ou administrative.

(2) La Rivierre, *Des Conseils de Fabrique* (thèse), p. 200.

pas nécessaires (1). Pour démontrer que l'approbation du préfet est requise, on s'est appuyé sur l'article 60 du décret de 1809 qui porte « que les maisons et bien ruraux appartenant à la Fabrique seront affermés, régis et administrés par le bureau des marguilliers, dans la forme déterminée pour les biens communaux. » Mais on peut faire remarquer que l'article 60 ne parle que des maisons et des biens ruraux, et semble ainsi ne viser nullement les bancs qui font corps avec l'église, et *a fortiori* les sièges mobiles ; donnerait-on, d'ailleurs, une portée générale à ce texte, Mᵍʳ Pelgé et Mᵍʳ André font justement observer que l'expression « titre suffisant » de l'article 70 marque la volonté bien nette de soustraire le bail moyennant prestation annuelle à l'autorisation requise pour les baux des biens des communes. L'article 70 n'est-il pas, enfin, mis en opposition très nette avec l'article immédiatement placé après lui, qui exige très clairement l'autorisation gouvernementale ou préfectorale, lorsqu'il s'agit des deux autres modes de concession ?

Il est d'usage de donner pour point de départ aux concessions, moyennant une prestation annuelle, celui de l'année ecclésiastique elle-même, c'est-à-dire le premier dimanche de l'Avent.

2. — *Concessions en échange d'un immeuble.* — Les formalités à remplir sont les suivantes : 1° demande du propriétaire de l'immeuble, sur papier timbré, adressée au bureau des marguilliers ; 2° évaluation par celui-ci de l'immeuble offert, en capital et en revenu ; 3° publication de la demande par le bureau, avec indication du

(1) Décisions ministérielles du 22 février 1867 et du 12 février 1868.

capital et du revenu de l'immeuble ; cette publication
doit être faite par trois dimanches et l'affichage de la
même pièce doit avoir lieu pendant un mois à la porte
de l'église ; 4° si dans le mois aucune offre supérieure
n'a été faite ou si de nouvelles offres se sont produites,
le bureau fait son rapport au Conseil ; 5° celui-ci dé-
libère sur les diverses demandes et sur les conditions
proposées ; 6° pour que la concession consentie dans le
procès-verbal devienne définitive, le Conseil doit obtenir l'autorisation d'accepter l'immeuble, dans la même
forme que pour les dons et legs, c'est-à-dire qu'il doit
transmettre le dossier au préfet par l'entremise du sous-
préfet, en suivant les règles fixées par l'article 1 de
l'ordonnance du 2 avril 1817 (1), qui détermine les
règles à suivre pour l'acceptation et l'emploi des dons
et legs faits en faveur des établissements ecclésiastiques et des autres établissements d'utilité publique.
Les principales pièces à adresser à l'administration sont
les suivantes : 1° demande du concessionnaire ; 2° procès-
verbal d'expertise (cette pièce doit être adressée en double) ; 3° certificat de publication et d'affiches ; 4° délibération du Conseil de Fabrique (en double) ; 5° avis
de l'évêque ; 6° avis du Conseil municipal (art. 21-5°
loi du 18 juillet 1837 ; art. 70-5°, loi du 5 avril
1884). L'autorisation est accordée par décret en Conseil
d'État. Une partie de la procédure que nous venons

(1) Ordonnance du 2 avril 1817, art. 1. « ..... Les dispositions entre vifs ou par testament de biens meubles et immeubles, au profit des églises, des archevêchés et évêchés... des
fabriques, etc..., ne pourront être acceptées qu'après avoir
été autorisées par nous, le Conseil d'État entendu, et sur
l'avis préalable de nos préfets et de nos évêques, suivant les
divers cas, » art. 6 et 8 de la loi du 4 février 1901.

d'indiquer résulte de la combinaison des articles 69 et 71 du décret de 1809.

Le bureau des marguilliers peut faire évaluer l'immeuble par des experts quelconques, mais bien que les règlements ne prescrivent rien à cet égard, il est incontestable qu'il vaut mieux choisir des gens du métier, des marchands de biens par exemple.

Le décret de 1809 n'écarte pas formellement la voie des enchères, on peut donc tout aussi bien l'employer que celle des soumissions ; cet usage des enchères nous paraît même préférable à celui des soumissions écrites, car par lui on exclut tout soupçon d'irrégularité ou de passe-droit (1).

3. — *Concessions moyennant une valeur mobilière une fois payée.* — L'on doit, dans ce cas, procéder de la même façon que dans la précédente hypothèse ; mais après sa délibération, le Conseil doit solliciter une approbation par décret, lorsque la valeur mobilière « s'élèvera à la même quotité pour laquelle les communes et les hospices sont obligées de l'obtenir », c'est-à-dire lorsqu'elle surpassera 300 francs et non 1,000 francs, ainsi que le prétendent M. La Rivierre et un certain nombre d'auteurs. Quand la valeur mobilière n'est pas au-dessus de 300 francs, l'autorisation du préfet est suffisante (2).

(1) Une ordonnance du 31 décembre 1817 a autorisé la Fabrique de Sennecy-le-Grand à procéder par voie d'adjudication aux enchères publiques à la concession à vie des bancs de l'église.

(2) Les pièces que l'on doit faire parvenir à l'Administration sont les mêmes que dans le cas précédent, sauf, bien entendu, la seconde. — L'article 1 de l'ordonnance du 2 avril 1817 porte que « ... l'acceptation des dons et legs en

Après avoir examiné les trois hypothèses prévues
par le décret de 1809, nous devons nous demander
qui peut être concessionnaire.

1° Les non-paroissiens peuvent-ils obtenir une concession ? Jousse répondait, avec la plupart des anciens
auteurs, que « les concessions ne peuvent être faites
qu'à des personnes actuellement demeurantes sur la
paroisse. » Bien plus, selon lui, une personne non
encore paroissienne, bien qu'ayant l'intention de venir
s'établir dans la paroisse, ne pouvait se rendre adjudicataire d'un banc si les paroissiens s'y opposaient.
Nous croyons que l'ancienne doctrine doit être admise
encore aujourd'hui, du moins en tant qu'elle accorde
un droit de préférence aux habitants catholiques de
la commune, car le législateur a voulu évidemment
réserver le droit de louer des places à ceux qui peuvent
en user. Sans doute le Conseil peut concéder des bancs
à des personnes qui n'habitent que très peu de temps
dans la paroisse, deux ou trois mois chaque année par
exemple, s'il juge que la chose est convenable ; mais s'il
se prête aux exigences ou aux manœuvres de personnes qui n'useront jamais du banc qu'elles détiennent,
au détriment des paroissiens qui volontiers devien-

argent ou objets mobiliers n'excédant pas 300 francs sera
autorisée par les préfets. » L'article 1 du décret du 15 février 1862 qui déclare l'autorisation du préfet suffisante
jusqu'à 1,000 francs ne s'applique qu'aux cas où aucune
réclamation ne s'élève contre les dons et legs et où ceux-ci
ne sont grevés d'autres charges que l'acquit de fondations
pieuses dans les églises paroissiales et de dispositions au
profit des communes, des hospices, des pauvres ou des bureaux de bienfaisance. Ces deux conditions n'étant pas réu-
nies dans notre hypothèse, on ne saurait lui appliquer l'article 1 du décret de 1862.

draient concessionnaires, le Conseil fait naître un de
ces motifs graves qui, nous l'avons vu, peuvent provoquer sa révocation (1).

Les fabriciens doivent être considérés, à ce point de
vue, comme des paroissiens ordinaires ; ils peuvent
obtenir un banc, car l'article 61 du décret de 1809
défend seulement aux membres du bureau des marguilliers de se porter adjudicataires ou associés de
l'adjudicataire des ventes, marchés de réparations,
constructions, reconstructions ou baux des biens de
la Fabrique ; nous ne sommes ici en présence d'aucun
de ces cas (2).

2° Les incapables de droit commun peuvent-ils être
concessionnaires d'un banc ou d'un siège quelconque
dans l'église ?

Les femmes, les mineurs et autres incapables
peuvent, suivant nous, se porter adjudicataires d'une
place ou de plusieurs places à l'église, moyennant une
prestation annuelle ou un capital, et cela sans mandat
spécial de leurs représentants légaux ; la location
d'une place nous paraît entrer, en effet, dans la catégorie des dépenses utiles susceptibles d'être ratifiées
par les tuteurs, maris, etc.., Si cependant la Fabrique
prévoyait la non ratification ultérieure par ces représentants, elle devrait exiger leur autorisation formelle.

Examinons maintenant pour combien de temps
peut être faite une concession. — « Aucune concession
de banc, de place, ne pourra être faite, soit par bail

(1) Voir *Journal des Conseils de Fabrique* 1860-1861, p. 25.
(2) Voir Mgr André, *Cours de législation civile ecclésiastique*, v° Banc, t. I, p. 430.

pour une prestation annuelle, soit au prix d'un capital ou d'un immeuble, (soit) (1) pour un temps plus
long que la vie de ceux qui l'auront obtenue.., « Par
ces mots, l'article 68 du décret de 1809 consacre
en principe la théorie de l'ancien droit : toute
concession à perpétuité au profit d'autres personnes
que les fondateurs et bienfaiteurs des églises est nulle
et l'on peut procéder immédiatement à la réadjudication du banc qui en fait l'objet. L'autorité administrative doit refuser son approbation, mais c'est aux tribunaux ordinaires, qui ont le droit exclusif de
prononcer la validité ou la nullité des actes passés au
nom des établissements publics, placés à ce point de
vue sous le droit commun, qu'il appartient de prononcer cette nullité.

Une concession de banc qui porterait sur la tête de
plusieurs personnes, d'un père d'une mère et de leurs
enfants jusqu'à leur mort, par exemple, ne serait pas
nulle par le fait même, mais il faudrait que tous les
titulaires eussent été clairement désignés dans l'acte
qui établit la concession : celle-ci ne prendrait fin
qu'avec le dernier mourant des concessionnaires.

§ 3. — *Privilèges des fondateurs et bienfaiteurs des
églises.*

Au principe que la concession des bancs ne saurait
être faite pour un temps plus long que la vie des concessionnaires, les paragraphes 1 et 2 de l'article 72 du

(1) Le *Bulletin des lois* porte ici une troisième fois le
mot « soit », mais c'est là évidemment une erreur d'im-
pression : en maintenant le mot, on enlèverait tout sens
raisonnable à l'article 78.

2

décret de 1809 ont apporté deux notables dérogations :
1° au profit du fondateur ; 2° au profit des donateurs
ou bienfaiteurs d'une église.

1. — *Au profit du fondateur.* — « Celui qui au-
« rait entièrement bâti une église, dit l'article 72, § 1,
« pourra retenir la propriété d'un banc ou d'une cha-
« pelle pour lui et sa famille tant qu'elle existera. »
Donc, pour bénéficier de l'exception, il faut avoir bâti
entièrement une église, il ne suffirait pas de l'avoir
réparée ou de l'avoir embellie. Remarquons l'expression de la loi : « Celui qui... pourra retenir... » C'est
donc un droit très large que possède le fondateur, et
du moment que l'Église permet actuellement aux
laïques de pénétrer dans le chœur, nous croyons que
le constructeur de l'église peut se réserver un banc
dans cette partie de l'édifice sacré.

Aujourd'hui, le droit du fondateur est personnel,
c'est-à-dire qu'il ne se transmet qu'aux seuls parents
ou descendants dans une mesure restreinte ; mais
avant 1789, il était tantôt personnel, tantôt réel :
dans ce dernier cas, il restait attaché à certains biens,
et tous les propriétaires successifs en bénéficiaient. On
ne saurait donc se prévaloir aujourd'hui, à titre de
simple propriétaire, d'un droit de banc concédé à un
un fondateur et attaché à tel ou tel immeuble. Il a été
décidé cependant que l'héritier pouvait réclamer le
droit de banc alors même qu'il ne l'aurait pas acquis
du fondateur par droit héréditaire, mais par achat à
son cohéritier d'un immeuble auquel le fondateur avait
attaché le droit de banc pour lui et ses successeurs
qui en seraient propriétaires (1).

Que doit-on entendre par le mot *famille* de l'ar-

(1) Req., 30 juillet 1855 ; Dalloz, 55-1-420.

ticle 72? — J'estime que le décret de 1809 ne désigne
par ce mot que les enfants et descendants. « Étendues
« à d'autres parents, dit Mgr André, les réserves et
« concessions arriveraient à une durée qui présente-
« rait beaucoup d'inconvénients. Du reste, c'est en ce
« sens que la jurisprudence ministérielle a toujours
« appliqué l'article 72. Or ici l'interprétation de l'ad-
« ministration ne saurait être contestée, car les con-
« cessions (aux bienfaiteurs et donateurs) devant être
« approuvées par le ministre, il appartient à ce mi-
« nistre de déterminer ce qu'il a entendu et ce qu'il
« entend accorder (1). » Bien que ce raisonnement de
Mgr André ne s'applique qu'aux concessions accordées
aux donateurs et bienfaiteurs, qui, seules, doivent être
approuvées par le ministre, il a sa valeur à l'égard du
droit des fondateurs, puisque l'article 72, après avoir
donné à ces derniers le droit de retenir un banc pour
eux et leur famille, poursuit en disant : « Tout donateur ou bienfaiteur d'une église pourra obtenir *la
même* concession. » L'interprétation du mot *famille*
doit donc être identique dans les deux cas, et l'on ne
doit jamais lui attribuer le sens de parenté jusqu'au
douzième degré (2). Souvent, dit encore Mgr André,
les Fabriques, à la mort des propriétaires ou concessionnaires de bancs obtenus ou retenus après bienfait
ou fondation, les Fabriques laissent non seulement
les enfants, mais encore les frères et sœurs, les neveux
et souvent des parents plus éloignés appelés à la suc-
cession des premiers titulaires du droit, jouir sans au-

(1) Voir André, *Cours de législation civile ecclésiastique*, t.
I, p. 423.
(2) Voir lettre de M. de Parieu, ministre des cultes, à
Mgr l'évêque de Luçon (15 décembre 1849).

cune rétribution des droits dont il s'agit. Cette interprétation excessive de l'article 72 est tout à fait ine-
xacte et fait naître un abus préjudiciable aux Fabriques, qu'il faut faire cesser partout où il est im-
planté (1).

Quand le fondateur n'a laissé aucun descendant, le
banc rentre aux mains de la Fabrique. Cependant, l'on
considère en général comme faisant partie de la
famille la femme du fondateur, qui peut dès lors pro-
fiter du banc tant que dure sa viduité, tant qu'elle ne
sort pas de la famille du mari par un second ma-
riage (2). Le sens que nous avons donné ou mot *famille*
est, faisons-le remarquer en passant, le même que celui
qui lui est attribué dans les articles 630, 632 et 633 du
Code civil relatifs aux droit d'usages et d'habitation ;
il semble que l'on puisse appliquer, par analogie, le
sens qu'ils renferment à la matière que nous étudions.

Les mots « tant qu'elle existera » semblent amphibo-
logiques, dit M. Gaudry. S'appliquent-ils au mot *famille*
ou au mot *église* ? Il me semble que la question ne se
pose même pas. Il est clair, en effet, que le droit réservé
par le fondateur est anéanti avec la chose en raison de
laquelle il jouit de son droit ; l'article 72 n'apprendrait
donc absolument rien s'il rapportait les mots « tant
qu'elle existera » au mot église. D'ailleurs, l'on doit
présumer que le pronom désigne le substantif qui le
précède immédiatement, et l'on doit voir par conséquent le mot « famille » sous le pronom « elle. »

Lorsque plusieurs personnes on bâti une église, elles
ne peuvent toutes se prévaloir de l'article 72 pour retenir

(1) Voir. André, *op cit.*, t· I, pp. 422-423.
(2) Voir La Rivierre, *Des conseils de Fabrique*, p. 202.

chacune en particulier un banc de fondateur. Remarquons l'expression du texte : « *Celui* qui aurait entièrement bâti une église... » ; ce singulier montre qu'une
collectivité de personnes ne pourrait invoquer l'article 72.

2. — *Au profit des bienfaiteurs ou donateurs*. — Aux
termes du § 2 de l'article 72, tout donateur ou bienfaiteur d'une église peut obtenir la concession d'un banc
pour lui et sa famille tant qu'elle existera ; mais cette
concession doit être faite sur l'avis du Conseil de Fabrique, approuvé par l'évêque et le ministre des cultes.
Tandis que le fondateur retient son banc où il veut,
sauf dans le sanctuaire (1), le donateur et le bienfaiteur doivent obtenir la concession du même droit et
peuvent se voir contraints à accepter telle ou telle
place plus ou moins à leur gré.

Par bienfaiteurs et donateurs, il faut entendre les
personnes qui ont fait à l'église des libéralités d'une certaine importance et ont procuré quelques avantages à
la Fabrique. Des décisions déjà anciennes et dont les
chiffres ne sont plus en harmonie avec la valeur actuelle de l'argent fixaient le taux de ces libéralités ; Ces
décisions (2) n'ont aujourd'hui aucune valeur ; c'est au
Conseil de Fabrique, puis à l'évêque et au ministre
qu'il appartient de décider, dans tel ou tel cas pris en
particulier et indépendamment de tout tarif, si une libé-
ralité est suffisante pour motiver une concession en
faveur d'un bienfaiteur ou d'un donateur qui en a fait
la demande.

(1). Seul, le sanctuaire est aujourd'hui réservé, le chœur
proprement dit ne l'est pas, ainsi que nous l'avons déjà fait
observer.

(2) Ce sont les décisions ministérielles du 6 mai 1812, du
17 février 1813, du 12 avril 1819.

Quand un banc est accordé soit à un bienfaiteur, soit à un donateur, ou lorsqu'il est réservé par un fondateur, si, à la mort du titulaire primitif ou de l'un de ses descendants, il se trouve plusieurs héritiers, il peut y avoir lieu à une licitation ; le droit de banc reste alors à l'acquéreur pour lui et pour les siens.

Nous venons de mentionner les deux seules exceptions à l'article 68 du décret de 1809 ; en aucun autre cas une concession faite par la Fabrique ne pourrait être plus que viagère (1).

§ 4. — *Divers modes d'exploitation des bancs non concédés et des chaises.*

« Le bureau des marguilliers, dit l'article 66 du décret de 1809, pourra être autorisé par le Conseil, soit à régir la location des bancs et des chaises, soit à la mettre en ferme. » Bien que cet article ne fasse allusion qu'à deux modes d'exploitation, on peut en distinguer trois en pratique : 1° la régie directe ; 2° la régie indirecte ; 3° la mise en ferme.

1° *Régie directe.* — Dans le cas de régie directe, ce sont les membres du bureau des marguilliers eux-mêmes qui, gratuitement, recueillent le prix des places, après y avoir été autorisés par délibération du Conseil de

(1) Il est peut-être bon de citer un jugement de la Cour de Nancy, du 2 février 1850, qui décide que la stipulation par laquelle un individu s'engage à construire à ses frais un banc dont la jouissance lui sera concédée moyennant une certaine somme et le payement d'un pareil prix en cas de mutation, doit être entendue en ce sens qu'à la mort du concessionnaire du banc, celui-ci ne pourra être détruit et que les enfants ne pourront être empêchés de continuer la jouissance de leur père, s'ils exécutent la convention.

Fabrique : ce système est adopté dans un grand nombre de paroisses rurales.

2° *Régie indirecte.* — Ce système consiste à préposer une ou plusieurs personnes à la perception du produit des chaises ; elles en touchent le prix pour le compte de la Fabrique, pendant chaque office, au moment fixé par e curé et en prenant pour base le tarif établi conformément à l'article 64 du décret de 1809, c'est-à-dire par délibération du bureau des marguilliers approuvée par le Conseil. Il est bon que dans le cas de régie directe, comme d'ailleurs dans les deux autre modes d'exploitation, un règlement soit adjoint au tarif qui indique dans quelles conditions les fidèles pourront jouir des sièges qu'ils auront loués ; s'ils assistent, par exemple, à deux messes successives, ce règlement pourra interdire de percevoir deux fois le prix de location.

La régie indirecte peut être simple ou intéressée : dans le premier cas, la fabrique donne aux chaisiers ou chaisières un traitement fixe ; dans le second, plus propre à stimuler leur diligence, ils reçoivent tant pour cent sur la recette. Nous estimons que les personnes chargées de percevoir le prix des chaises rentrent dans la catégorie des serviteurs de l'église ; nous appliquons par suite à leur nomination et à leur révocation la règle posée par l'article 33 du décret de 1809 qui décide que la nomination et la révocation de l'organiste, des sonneurs, bedeaux, suisses et autres serviteurs de l'église appartient aux marguilliers, sur la proposition du curé ou desservant. On ne peut ici faire application, pour les communes rurales, de l'article 7 de l'ordonnance du 12 janvier 1825 ; cette ordonnance ne parle en effet que des *chantres, sonneurs* et *sacristains*, c'est-à-dire des serviteurs que l'on retrouve normalement et presque nécessairement dans toutes les églises et qu'il est naturel de laisser, dans les campagnes sous l'autorité très directe du curé. Donc partout, la nomination et la révocation des régisseurs appartient au bureau, sur la proposition du curé (1). S'il surgissait, un conflit entre le curé et les marguilliers, soit pour le choix, soit pour la destitution de ces employés, c'est à l'évêque qu'il appartiendrait de le trancher (2).

3° *Mise en ferme.* — On emploie ce troisième mode lorsque l'exploitation est confiée à une personne qui, moyennant une somme fixe qu'elle s'engage à verser entre les mains du trésorier, perçoit à ses risques et périls le produit des bancs et chaises. Quand le Conseil décide d'user de ce système, il doit faire dresser par le bureau, et il doit agréer un cahier des charges mentionnant : 1° le tarif des chaises ou bancs assimilés, établi selon les règles de l'article 61 du décret de 1809 ; 2° le nombre des chaises à fournir par l'adjudicataire, si l'église n'en possède pas ; 3° l'espace à laisser libre pour les fidèles qui ne louent pas de chaises, espace qui leur est réservé par le décret précité (3) ; 4° les diverses dispenses régulièrement accordées aux bienfaiteurs,

(1). V. Dubief, *Manuel-formulaire des Conseils de Fabriques*, p. 152. V. Fédou. *Traité pratique de la police du culte*, 10° édition, p. 175.

(2). Lettre du ministre des cultes à Mgr l'évêque de Périgueux, du 6 août 1849.

(3) L'art. 65 ordonne de donner une place commode à ceux qui ne louent ni banc ni chaise et qui veulent assister aux offices et instructions. Il n'est pas requis que cette place soit garnie de bancs, mais elle doit être assez près de la chaire dans un lieu où l'on puisse aisément assister aux offices, etc...

aux membres du Conseil de fabrique lorsqu'il n'y a pas
de banc d'œuvre, etc., et, en général, tous les documents qui peuvent faire connaître d'une façon exacte
aux divers compétiteurs les charges et les droits du
futur adjudicataire.

Le cahier des charges doit être transmis au préfet,
qui l'approuve, le rejette ou le modifie, puis on le dépose
dans une étude de notaire ; aucune modification nouvelle ne peut lui être apportée sans l'approbation du
préfet ; les Fabriques peuvent introduire ces modifications par rature ou par renvoi, mais seulement si le
cahier des charges n'est pas encore déposé ; quand le
dépôt est effectué, il faut les inscrire à la suite des
stipulations primitives, les dater et les faire suivre de
la signature d'un délégué de la Fabrique et de celle du
notaire.

Le projet transmis au préfet ne doit pas être timbré,
mais l'article 78 de la loi du 15 mai 1818, qui assujettit
au timbre les adjudications et marchés, s'applique à
l'ampliation qui a reçu l'approbation préfectorale.

Le cahier des charges ainsi dressé et approuvé n'est
qu'un acte d'administration intérieure et n'est pas
par suite soumis à l'enregistrement. Mais il faut dans
le cas de non enregistrement que les clauses soient re-
produites dans le procès-verbal d'adjudication, qui
ainsi les fait siennes et sert de titre entre la Fabrique
et l'adjudicataire de la ferme des bancs et des chaises.
Quand le procès-verbal d'adjudication ne contient pas
la reproduction de ces clauses mais renvoie aux clauses
et conditions du cahier des charges, celui-ci cesse d'être
un acte préparatoire ; il devient, bien que partie dé-
tachée en fait, partie juridiquement intégrante du procès-verbal et, dès lors, il est soumis à l'enregistrement.

« L'adjudication aura lieu après trois affiches de huitaine en huitaine ; les enchères seront reçues au bureau de la Fabrique par soumission, et l'adjudication sera faite au plus offrant, de tout quoi il sera fait mention dans le bail auquel sera annexée la délibération qui aura fixé le prix des chaises » (art. 67 du décret de 1809) ; l'approbation de l'évêque et celle du préfet ne sont pas requises. Mgr Affre et Mgr André disent que le bail doit être passé devant notaire (1), et ils prétendent que cette obligation résulte de ce que, sous l'ancienne législation, à laquelle aucun changement n'a été apporté ou assimilait le bail dont nous parlons à celui des biens ruraux pour lesquels un acte notarié était nécessaire (2). Nous pensons au contraire, avec MM. de Champeaux et Gaudry, que l'acte notarié n'est pas rigoureusement nécessaire. L'article 67 n'assimile pas la mise en ferme des chaises ou bancs avec la mise en ferme des biens ruraux des Fabriques ; tout au contraire, l'article 60 détermine un mode de mise en ferme de ces derniers biens très différent de celui dont nous nous occupons pour les sièges d'église. L'article 60 dit que les maisons et les biens ruraux des fabriques seront affermés comme les biens communaux, tandis que l'article 67 indique pour la mise en ferme des chaises une série de formalités absolument distinctes. L'article 67 parle d'un bail, il est vrai, mais ce bail, de forme administrative, est complet par la signature du procès-verbal d'adjudication inscrit sur papier timbré,

(1) Voir Mgr Affre, *Traité de l'administration temporelle des paroisses*, p. 312, et Mgr André, *Cours de législation civile ecclésiastique* (éd. de 1869), t. II, p. 66.
(2). Voir Jousse, *Gouvernement des paroisses*, pp. 67 et 105.

signature qui lie les parties. Ce procès-verbal doit être enregistré dans les vingt jours et les droits sont à la charge du concessionnaire. La loi ne disant pas que les soumissions doivent être faites par lettres cachetées ou par écrit, on peut procéder à l'adjudication par enchères verbales.

Pour savoir qui peut être adjudicataire et dans quelles conditions, nous renvoyons aux règles du droit commun. Nous devons ajouter toutefois que l'article 61 du décret de 1809 défend aux membres du bureau des marguilliers de se porter soit adjudicataires, soit même associés de l'adjudicataire des ventes, marchés de réparations, constructions, reconstructions ou baux des biens des Fabriques. Ces derniers mots : baux des biens des Fabriques, comprennent évidemment la location des sièges de l'église. La mesure prise par le législateur se justifie parfaitement ; on a craint que les marguilliers, usant de leur influence ou profitant de telles circonstances particulières, fissent régler les conditions du bail d'une manière désavantageuse pour la Fabrique.

L'adjudicataire est soumis à la patente (1); mais remarquons bien que cette contribution ne frappe que l'adjudicataire ; les préposés ordinaires, dans le cas de régie, ne sont que de simples salariés, non des entrepreneurs, et ne peuvent dès lors être soumis à la patente (2). C'est l'article 1er de la loi du 25 avril 1844

(1) Voir arrêts du Conseil d'Etat du 4 mars 1808, du 24 avril 1874, *Recueil des arrêts du Conseil d'Etat*, 1874, p. 462.

(2) L'arrêt du Conseil d'Etat du 24 avril 1874, précise nettement cette distinction : « Considérant, dit-il, qu'il résulte de l'instruction que le sieur Durand s'est rendu

qui assujettit à cet impôt le fermier des chaises. Cet article dit, en effet, que tout Français ou étranger qui exerce en France un commerce, une industrie, une profession, non déclarés exempts par le texte même de la loi, est imposable comme patenté (1). Or, bien loin d'être exemptés par le texte de la loi, celui-ci nomme trois fois, dans les tableaux 6, 7 et 8 qui lui sont annexés, les loueurs de chaises pour un prix de ferme et les range dans diverses classes suivant que ce prix est plus ou moins élevé : c'est ainsi, par exemple, que ceux qui acquittent un prix de ferme inférieur à 500 francs sont placés dans la huitième classe. L'article 1er de la loi du 15 juillet 1880 reproduit le principe de la loi de 1844 et désigne les loueurs de chaises d'église dans le tableau C, cinquième partie, n° 8, sous la rubrique générale : loueurs de chaises (2).

adjudicataire de la perception des droits de location des chaises qui se trouvent dans l'église de M..., moyennant une redevance de... ; que, dès lors, il ne saurait être considéré comme un simple employé de la Fabrique et se prévaloir des dispositions du § 6 de l'article 13 de la loi du 25 avril 1844, pour demander la décharge de la patente qui lui a été imposée... etc. »

(1) Voir *Le défenseur des Conseils de Fabrique*, de M. l'abbé Fédou, 1804, page 121. — *Ami du clergé* supplément de jurisprudence civile ecclésiastique du 27 mai 1897. — *Nouveau journal des Conseils de Fabrique*, t. XVI, page 32.

(2) Les loueurs de chaises sont assujettis au droit fixe et au droit proportionnel auxquels viennent s'ajouter les centimes additionnels votés annuellement dans les lois spéciales.

Droit fixe : Tableau C. — Professions imposées sans avoir égard à la population, Ve partie..., n° 8 : 0 fr. 50 c. par 100 francs ou fraction de 100 francs du prix de ferme ou du montant de l'adjudication.

Droit proportionnel : Tableau D. — Fixé au 1/20 de la

5. — *Produit de la location et de la concession des bancs et chaises.*

— Ce n'est pas la totalité de ce produit qui appartient aux Fabriques (1). — On s'est tout d'abord demandé si l'on pouvait prélever sur le prix des sièges d'église le droit perçu au profit des bureaux de bienfaisance et des établissements hospitaliers d'une commune sur les spectacles qui sont donnés dans cette commune. — Nous pensons, après tous les bons auteurs, que l'on doit répondre négativement. Ce droit, créé sous Charles VI par l'ordonnance d'avril 1407, n'a jamais visé les recettes du culte; bien mieux, on a toujours considéré que lorqu'une messe en musique, exécutée par des artistes en renom, a fait monter accidentellement le prix des places, on ne saurait amoindrir, par l'application de la loi du 8 thermidor an V, le produit d'une location qui n'a d'autre raison d'être

valeur locative de la maison d'habitation seulement pour les patentables de la deuxième partie du tableau C, plus les centimes additionnels.

Exemple : soit un fermage de 1,200 francs, soit 50 francs de valeur locative et 60 centimes additionnels :

Sur le prix de ferme (0 fr. 50 c. %) . . .   6 fr. »»
Sur la valeur locative de l'habitation (1/20).   2   50
Centimes additionnels.   5   10

                  Patente . . . = 13 fr. 60

(1) Le produit des bancs et chaises placés dans les chapelles des hospices fait partie des recettes de ces établissements, et n'appartient pas aux Fabriques des paroisses sur lesquelles les hospices sont bâtis. (Lettre du ministre de l'Intérieur au préfet de la Loire-Inférieure, en date du 12 juillet 1843.)

que celle de subvenir aux besoins essentiels du culte : percevoir la taxe des pauvres sur ce produit serait l'enlever à sa destination et en méconnaître la nature (1).

Le revenu des bancs et chaises est souvent amoindri par un prélèvement fait au profit de la caisse des ecclésiastiques âgés ou infirmes du diocèse. Le décret du 13 thermidor an XIII dit, en effet, dans son article 1ᵉʳ : « Le sixième du produit de la location des bancs, chaises et places dans les églises, faite en vertu des règlements des évêques pour les Fabriques de leurs diocèses, après déduction des sommes que les Fabriques auront dépensées pour établir ces bancs et chaises, sera prélevé pour former un fonds de secours à répartir entre les ecclésiastiques âgés ou infirmes. » Bien que le décret fixe le prélèvement au sixième, les règlements épiscopaux proposés au ministre des cultes, conformément à l'article 2 (2), ont souvent adopté le système de l'abonnement ou exigé une proportion moindre. C'est ainsi qu'à Paris cette proportion est d'un dixième du produit. Un décret du 12 juin 1885, réorganisant dans le diocèse d'Angers la Caisse des ecclésiastiques âgés et infirmes, autorise à son profit un prélèvement de 7 %, (3).

(1) Voir Sirey, *Jurisprudence générale* t. 1, p. 7. — Bost, *Encyclop. des just. de paix et des tribunaux de simple police*, p. 259.

(2) Décret du 13 thermidor an XIII, article 2. « Les évêques adresseront au ministre des Cultes, dans le mois qui suivra la publication du présent décret, un projet de règlement pour déterminer le mode et les précautions relatifs à ce prélèvement, ainsi que la manière d'en appliquer le résultat et d'en faire la distribution. »

(3) *Recueil des circulaires ministérielles des cultes*, t. IV, p. 552.

Le prélèvement porte sur le produit net, c'est-à-dire
après que l'on a déduit du produit brut les sommes
dépensées pour l'établissement et le renouvellement,
pour l'entretien et pour la perception du produit des
sièges. Cette façon de procéder est conforme au principe de droit qui veut que le revenu soit calculé, non
sur le produit brut, mais sur le produit net, déduction
faite des frais de premier établissement, d'entretien ou
de perception (1).

Dans tout diocèse où il existe un règlement épisco-
pal, la somme prélevée doit, obligatoirement, être ins-
crite dans le budget de toutes les Fabriques au
chapitre des dépenses ordinaires ; si elle n'y figure pas,
elle est rétablie d'office par l'évêque ; le refus de payement par le trésorier, malgré cette inscription d'office,
serait un motif suffisant pour provoquer la révocation
de ce fonctionnaire ou même, suivant les circonstances,
celle des autres membres du Conseil.

Jusqu'en 1830, on avait perçu sans difficulté le tant
pour cent retenu pour la Caisse des ecclésiastiques âgés
et infirmes ; mais à cette époque on prétendit que le
décret de thermidor avait été abrogé par la charte cons-
titutionnelle de 1830, qui défendait de percevoir aucun
impôt sans le consentement des deux Chambres et sans
la sanction du roi (2) Ce fut surtout le Conseil général
du département de l'Ain qui se fit l'écho des réclama-
tions nombreuses des Fabriques ou des communes ; en
ce moment, en revanche, certains évêques tentaient de
fonder dans leur diocèse une Caisse des ecclésiastiques

(1) Lettre du ministre des Cultes du 24 avril 1878. —
Bulletin des lois civiles ecclésiastiques, 1881, p. 49.
(2) Voir Champeaux, *Code des Fabriques*, t. II, p. 217.

âgés et infirmes. — Peu de temps auparavant, on
avait imposé des charges nouvelles aux communes par
les lois sur la garde nationale et sur l'instruction pri-
maire ; maintenir le décret du 13 thermidor an XIII,
c'était diminuer les ressources des Fabriques, et comme
sous l'empire du décret de 1809, le déficit des Fabriques
devait être comblé à l'aide de subventions commu-
nales, dans un grand nombre de cas (art. 92 du décret)
le fonctionnement du décret de l'an XIII risquait d'im-
poser aux communes de nouveaux sacrifices (1). Aussi
suspendit-on pendant quelque temps toute décision ;
on ne voulut fâcher personne ; mais lorsque l'agitation
des esprits fut calmée, on appliqua de nouveau le décret
de l'an XIII, ce qui fut juste, car la somme dont il
ordonne le payement aux Fabriques n'est évidemment
pas un impôt. Comme le fait remarquer Mgr André (2),
l'impôt est levé sur les citoyens au nom et au profit d
l'État pour dépenses mises directement ou indirectement à sa charge, pour assurer le bon fonctionnement
des services publics. Qui ne voit que l'on ne trouve ici
aucun de ces caractères ?

D'autres difficultés se sont élevées à propos de l'application du décret de thermidor. Ce décret, a-t-on
dit, est antérieur au décret de 1809 qui décide sans aucune restriction qu'à l'avenir les revenus des Fabri-

(1) Cette situation n'est plus la même depuis la loi du
5 avril 1884 qui, dans son article 136, n°s 11 et 12, restreint à deux cas seulement le recours à la commune : 1° en
cas d'insuffisance de revenus disponibles pour l'indemnité
de logement du curé ou desservant, et 2° pour les grosses
réparations des édifices communaux affectés au culte.

(2) Mgr André, *op. cit.*, t. I, p. 452. — Mgr André dit que
l'impôt est établi au profit de l'État ; mieux vaut dire : au
profit de l'État, des départements, des communes, etc.

. ques seront formés, article 36.,...; 5° du prix de la
location des chaises ; 6° de la concession des bancs
placés dans l'église, etc.., Ce texte ne prévoit pas le
moins du monde le prélèvement du sixième ou d'une
portion moindre de ces revenus au détriment des Fabriques, donc le décret de l'an XIII est implicitement
abrogé. D'ailleurs, poursuit-on, ce dernier décret était
jadis en harmonie avec l'organisation des Fabriques,
alors que la location des places se faisait en vertu d'un
simple règlement des évêques, non d'après les formes
imposées depuis par la loi ; il n'y avait à cette époque
rien d'exorbitant à ce que ces règlements, ordonnant
l'affectation du sixième à la Caisse des ecclésiastiques
âgés et infirmes fussent applicables après la fixation
par décret du mode de perception et de distribution
des fonds. Enfin, dit-on, l'Etat a longtemps affecté
dans les budgets postérieurs à 1809 environ un million
à titre de secours aux prêtres âgés et infirmes. Ne
doit-on pas en conclure que l'état a pris sa charge ceux
que les caisses ecclésiastiques étaient chargées de se-
courir ?

Nous ne croyons pas, comme le croit M. Gaudry,
que ces difficultés soient bien sérieuses ; nous croyons,
avec la presque unanimité des auteurs (1), que le décret du 13 thermidor an XIII est toujours en vigueur,
et de fait, les circulaires ministérielles et les approba-
tions données durant tout ce siècle aux règlements
épiscopaux montrent bien que tel est l'avis de l'administration des cultes (2). Le décret de 1809 n'abroge-

(1) Voir Henrion, *Code ecclésiastique*, t. II, p. 530,
Mgr Affre, Mgr André, etc., etc.
(2) Voir décrets des 20 et 22 septembre 1812, 22 juin

rait celui de l'an XIII qu'autant qu'il mentionnerait
expressément cette abrogation, ce qu'il n'a pas fait
ou que l'une de ses dispositions se trouverait en contradiction manifeste avec l'une de celles du décret du
13 thermidor. Or, il n'y a aucune contradiction entre
les deux textes. L'article 36 énumère d'une façon très
générale et très brève les diverses sources des revenus
de la Fabrique, indiquant vaguement les diverses recettes sans mentionner les charges correspondantes
établies par le législateur ou imposées par la nature
de certains biens ; c'est ainsi qu'au nᵒ 1 il comprend
parmi les revenus des Fabriques le produit des biens
restitués aux Fabriques, des biens des confréries et de
ceux qui ont été affectés aux Fabriques par divers
décrets, et cela sans parler le moins du monde qu'il
faudra déduire de ce produit les impôts, les frais d'administration, etc. De même aux nᵒˢ 5 et 6, le décret
parle du prix de la location et de la concession des
bancs et chaises, sans mentionner le prélèvement dont
les conditions sont réglées par le décret de l'an XIII ;
mais cela ne signifie nullement que ce décret soit
abrogé.

On dit encore que le décret de l'an XIII n'est plus en
harmonie avec l'organisation actuelle des Fabriques. —
Nous sommes loin de partager cet avis. Est-ce le pouvoir de l'évêque que l'on trouve exorbitant ? Mais
nous avons déjà vu que l'évêque a des pouvoirs tout
aussi grands, plus considérables peut-être, en matière
budgétaire. Il peut avons-nous dit, réduire ou élever
le chiffre des recettes et des dépenses portées au bud-

1813, 20 avril 1825, 9 septembre 1882, etc... Voir aussi
décision ministérielle du 14 avril 1869,

gèt, supprimer des articles de recettes ou de dépenses et en introduire de nouveaux (1). Le droit que lui confère le décret du 13 thermidor n'a donc rien d'excessif si on le compare à ces larges pouvoirs qui lui conservent la loi de 1892 et le décret de 1893 sur la comptabilité fabricienne.

Enfin, on ne peut pas induire de ce fait que l'Etat a'affecté un million (2) à titre de secours aux prêtres âgés et infirmes, et à même créé en 1853 un fond de secours spécial, sous le nom de caisse générale des retraites, que le décret de thermidor soit abrogé. La caisse générale des retraites donne en effet moins des pensions de retraites que des *subventions* très minimes variant entre 200 et 600 francs et insuffisantes pour assurer un sort convenable aux ecclésiastiques âgés et infirmes. Ces subventions sont d'ailleurs facultatives.

(1) Marqués di Braga et Tissier. *op. cit.*, p. 130.
(2) La loi de finances du 20 mars 1897 a abaissé de 18,500 francs le crédit des secours aux prêtres âgés et infirmes. Au Sénat, au cours de la discussion du 5 mars 1897, M. Garran de Balzan, soutenant que ce crédit est absolument inutile, disait : « Si vous avez examiné un budget communal, vous avez dû vous apercevoir que dans la nomenclature du budget des Fabriques entre une retenue d'un dixième des recettes brutes des Fabriques au profit de la caisses des ecclésiastiques âgés et infirmes... » Le plus curieux, c'est que personne, au Sénat, n'a redressé cette colossale erreur.

CHAPITRE II

DES DROITS EN VERTU DESQUELS EST FAITE L'OPÉRATION DE CONCESSION OU DE LOCATION DES SIÈGES PAR LA FABRIQUE.

Ce chapitre comprendra deux paragraphes ; dans le premier nous étudierons la condition juridique des sièges d'église, en cherchant à déterminer leur nature mobilière ou immobilière et en nous demandant si ce sont les communes ou les Fabriques qui en sont propriétaires.

A l'aide des principes admis dans ce premier paragraphe, nous pourrons étudier, dans le second, le droit de la Fabrique à concéder les sièges et la nature de l'acte de concession.

§ 1. — *Condition juridique des sièges dans les églises.*

Lorsque l'on veut examiner la condition juridique des sièges d'église, l'on doit établir parmi ces derniers une distinction fondamentale : les uns sont incorporés à l'église, adhérents au sol de l'édifice ou à ses murs ; les autres, mobiles par leur nature, sont transportables d'un lieu à un autre.

I. *Sièges incorporés à l'édifice.* — Lorsque les communes ou les Fabriques placent, dans les églises dont elles sont propriétaires, des bancs ou des stalles scellés par une matière quelconque, par du plâtre, de la chaux ou du ciment au corps de l'église ; quand ces sièges ne peuvent en être détachés sans être brisés ou détériorés ou sans briser et détériorer la partie du bâtiment auquel ils adhèrent ; lorsque leur forme, leur position même indiquent qu'ils ont été établis en tel ou tel lieu à perpétuelle demeure ; lorsque leurs dossiers ou leurs accoudoirs font corps avec les boiseries de l'église, ces bancs et stalles sont immeubles, participent à la condition juridique de l'église avec laquelle ils ne font qu'un et appartiennent au propriétaire de cette dernière (art. 525 C. c.).

Mais que décider dans le cas où c'est la Fabrique qui attache des sièges fixes à une église qui appartient à la commune ? Il est bien certain que la Fabrique n'étant pas propriétaire ne peut, dans cette hypothèse, faire des immeubles par destination, mais nous estimons que les bancs scellés par elle à l'édifice communal sont immeubles par incorporation ; l'incorporation des meubles au sol suffit, en effet, pour constituer le principe de leur immobilisation. Peu importe la personne par le fait ou par l'ordre de laquelle cette incorporation a été opérée, peu importe qu'elle soit propriétaire du sol ou un simple tiers, le principe est absolu : *Quod solo inædificatur, solo cedit.*

Ceci n'empêche pas que la Fabrique reste propriétaire de ces sièges immobiliers et qu'elle puisse en disposer à son gré, au jour où le droit d'usufruit qu'elle possède sur l'église communale viendrait, pour une cause ou pour une autre, à disparaître. Sa seule obligation serait de rétablir les lieux en leur premier état (a. 599 c. c.).

II. *Sièges non incorporés à l'édifice.* — Nous devons nous demander : 1° quelle est la nature juridique de ces sièges ; 2° qui en est propriétaire.

1° *Nature juridique de ces sièges.* — Avec M. Charles Borde, nous ne voyons aucune raison de rejeter ici les règles du Code civil : les siéges ont-ils été acquis par un autre que par le propriétaire de l'église ; la Fabrique, par exemple, a-t-elle acheté des sièges pour en garnir l'église qui appartient à la commune ? il est certain que ces chaises sont meubles parce que le propriétaire seul peut faire des immeubles par destination (art. 524 C. c.). — Des sièges non incorporés à l'église ont-ils été acquis par le propriétaire de cet édifice ? Nous croyons que, dans ce cas encore, ils restent meubles. Nous nous refusons absolument à admettre que tous les meubles de l'église sont immeubles par destination, car, à considérer ainsi les choses, tous les livres des bibliothèques, tous les tableaux des musées, tous les meubles meublants et tous les ustensiles des maisons seraient des immeubles par destination. Nous pensons qu'il faut distinguer entre les objets qui ont une attache directe et perpétuelle à l'édifice, tels que les orgues, les chaires, les cloches, qui lorsqu'ils ne sont pas immeubles par incorporation et lorsqu'ils ont été établis dans l'église par le propriétaire de cette dernière, sont immeubles par destination, et ceux qui, servant à l'exercice du culte sans avoir d'attache spéciale au fonds, tels que les vases sacrés, les ornements, les chaises et les bancs mobiles, restent meubles (1).

2° *Propriété de ces meubles.* — Il est bien certain que les Fabriques sont propriétaires des sièges non incorporés, qu'elles les placent dans les églises qui leur appartiennent ou dans celles qui appartiennent aux communes.

____

(1) Voir Ch. Borde, *Droits et obligations réciproques des communes sur les édifices affectés au culte paroissial.* p. 223.

Il n'y a de difficultés possibles que pour les sièges placés dans les églises par les communes. Avec M. Gaudry (1), nous croyons que ces meubles, comme tous ceux qui ne sont pas incorporés à l'édifice, quelle que soit leur origine, appartiennent à la Fabrique. Les Fabriques ont, en effet, reçu le mandat d'administrer, d'acquérir, de réparer, de concéder, de renouveler ces sièges; un droit de disposition aussi complet, aussi absolu suppose évidemment que la propriété de ces sièges leur a été abandonnée. Cette théorie est d'ailleurs conforme à l'esprit de l'ancienne législation (2).

Des explications qui précèdent, il résulte que la Fabrique est propriétaire de tous les sièges qui ne sont pas incorporés à l'église, et que c'est en cette qualité, non en la qualité d'usufruitière, qu'elle les loue aux paroissiens.

§ 2. — *Du droit de la Fabrique à concéder les sièges et de la nature de l'acte de concession*

Pour déterminer maintenant la nature du droit de la Fabrique à la concession des sièges mobiliers ou immobiliers, nous examinerons dans deux paragraphes : 1° le cas où la commune est propriétaire de l'église ; 2° le cas où la Fabrique en est propriétaire.

1. — *Cas où la commune est propriétaire.* — Si les communes sont propriétaires même des églises restituées au culte par le Concordat et les Articles organiques, ce qui est fort discutable, les Fabriques ont

(1) Voir Gaudry, *Législation des cultes*, 726, 774.
(2) Voir Déclar. du 15 avril 1571, art. 3; — édit de Melun du 5 févr. 1580, art. 3; — ord. de Blois du 15 mai 1579, art. 52.

cependant sur ces édifices un droit qui est un usufruit *sui generis*. A notre avis, cet usufruit doit être considéré comme une restitution partielle de l'ancien droit des Fabriques sur les biens ecclésiastiques, restitution qui est en harmonie avec le mouvement de retour vers l'ancien état de choses qui se produisit dès le temps de la Convention. Notre théorie, faisant tomber l'usufruit des églises dans les biens rendus aux Fabriques, peut être considérée comme le pendant de celle qui place l'usufruit du presbytère dans la mense curiale. Observons que la jurisprudence civile et celle du Tribunal des conflits ont fait un premier pas vers cette opinion en se montrant favorables à l'idée d'un usufruit spécial des curés et desservants sur les presbytères dont la propriété appartient aux communes (1).

Mais revenons aux églises. Nous avons dit que lorsqu'elles appartiennent aux communes, les Fabriques ont sur elles un droit d'usufruit. Qu'est-ce, en effet, que l'usufruit? L'article 578 C. c. nous en donne la définition. « C'est, dit-il, le droit de jouir des choses dont un autre a la propriété comme le propriétaire lui-même, mais à la charge d'en conserver la substance. » Or, la Fabrique jouit d'une chose dont la commune a la propriété ; elle peut user de cette chose, en retirer certains produits,

(1). Voir M. Hauriou, *op. cit.*, p. 94 (note). — Voir arrêt de la Cour de Toulouse du 24 décembre 1885 (S., 872, 200 ; D., 1886, 2, 265). Conflits 15 décembre 1883, Fonteny. — Voir dans la *Revue administrative du cute catholique* de juillet-août 1897, p. 193, un arrêt de la Cour de cassation du 17 février 1897, qui ne distingue plus entre les presbytères rendus à leur destination primitive par l'article 72 de la loi du 18 germinal an X et ceux que les communes ont affectés en exécution de l'art. 92 du décret du 30 décembre 1809.

comme le ferait la commune elle-même; enfin, elle
doit, bien entendu, en conserver la substance. Donc,
elle est usufruitière.

Mais son usufruit est un usufruit *sui generis*. Nous
nous en tiendrons pour le démontrer aux seuls caractères qui le différencient assez notablement du droit
d'usufruit ordinaire. Tandis que l'usufruitier n'est tenu
qu'aux réparations d'entretien (art. 605), la Fabrique
doit se charger de toutes les réparations; tandis que
l'usufruitier ne peut en principe, louer pour plus de
neuf années, la Fabrique peut, nous l'avons vu, concéder des places pour une durée très longue; tandis
que l'usufruitier, enfin, est dans une situation très
inférieure à l'égard du droit d'agir en justice, la Fabrique a le droit et le devoir de veiller à la conservation
du lieu saint, de maintenir sa destination, d'empêcher
toute tentative d'usurpation (1) (art. 1er, d. du 30 décembre 1809). — Qu'on ne dise pas avec M. Charles
Borde (2) que ces caractères font des droits de la Fabrique des droits tellement distincts de ceux de l'usufruitier
qu'il n'est pas possible de les assimiler; les caractères
essentiels de l'usufruit subsistent toujours. D'ailleurs,
le droit de faire des baux de plus de neuf années et
l'obligation d'accomplir toutes les réparations nous
paraissent tout naturellement résulter de la perpétuité
des droits de la Fabrique. Si l'usufruitier ordinaire
ne peut faire que des baux de courte durée et s'il
n'est tenu que des réparations d'entretien, c'est que
son droit cessera bientôt, demain peut-être. La Fabrique est dans une situation beaucoup plus ferme. Quant

(1) Voir Dufour, *Droit administratif appliqué*, t. VI,
p. 268.

(2) Voir Ch. Borde, *op. cit.*, p. 130

au droit d'agir en justice dans la large mesure que nous venons d'indiquer, il est, selon nous, la contre-partie des lourdes charges qu'assume la Fabrique en prenant à son compte toutes les réparations, tout l'en-tretien, toute l'administration temporelle de l'église.

La Fabrique a donc un droit d'usufruit de nature ci-vile sur l'édifice affecté par la commune au culte pa-roissial et, dès lors, toutes les concessions qu'elle fait des sièges incorporés à l'église nous apparaissent comme de simples locations auxquelles on doit appliquer les dispositions du droit commun, les règles du contrat de louage. Ce qui montre bien qu'il y a vraiment location dans le fait de concéder un banc, ce sont les expressions dont use le décret du 30 décembre 1809, en particulier dans ses articles 68 et 70. Article 68 : « Aucune con-cession de bancs ne pourra être faite soit par *bail* pour une prestation annuelle, etc.., » Article 70 : « S'il s'agit d'une concession par *bail* pour une prestation annuelle, etc.., »

Qu'on ne s'étonne pas de voir un usufruit de nature civile établi au profit des Fabriques sur des églises qui dépendent du domaine public. A ceux qui verraient dans la constitution de cet usufruit une atteinte au principe de l'inaliénabilité du domaine public, nous ré-pondrons avec M. Hauriou que l'inaliénabilité des dé-pendances de ce domaine est fondée uniquement sur leur destination d'utilité publique, qu'elle n'est donc pas aussi absolue que si elle découlait de leur nature (1) ; d'où il résulte que l'inaliénabilité doit être un obs-tacle à tous les actes qui porteraient atteinte à la desti-nation des biens du domaine public, mais qu'elle ne

____

(1) Voir M. Hauriou, *op. cit.*, p. 626.

doit pas empêcher les actes qui, loin d'y porter aucune
atteinte, l'aident à se réaliser. Or, le domaine public
est fait pour l'utilité publique et doit se plier, par conséquent, aux exigences particulières de l'utilisation
par le public. Ici, les usages religieux sont de nature
essentiellement familiale et s'accommodent mieux des
droits civils que des pratiques administratives ; on ne
doit donc pas hésiter à admettre les droits de nature
civile, bien que théoriquement ils constituent des
aliénations partielles ; d'autant mieux, et cette obser-
vation est encore fort importante, que le droit réel
d'usufruit est ici au profit non point d'un particulier,
mais d'un établissement public, et que, par conséquent,
l'aliénation profite au public, même dans la forme.

C'est donc en vertu d'un droit d'usufruit de nature
civile que la Fabrique loue ses bancs et chaises et l'on
ne saurait considérer les concessions de bancs comme
des concessions sur le domaine public communal ; le
titulaire d'une concession sur le domaine public est
un possesseur qui, bien que précaire, peut intenter
la complainte contre les tiers qui veulent le troubler
dans sa possession, alors que, ainsi que nous le verrons
et ainsi que l'admet la Cour de cassation, le concessionnaire d'un banc n'est qu'un locataire qui ne peut intenter la complainte, pas plus à l'égard des tiers qu'à
l'égard de la commune ou de la Fabrique (1).

Nous ne nous arrêterons pas ici à réfuter l'opinion de
Mgr André qui voit dans le droit du concessionnaire un
droit d'usage. Nous examinerons et rejetterons cette
manière de voir dans notre prochain chapitre.

---

(1) Nous ne parlons ici que des concessionnaires ; nous
verrons que la condition des fondateurs et bienfaiteurs
est toute différente.

l'eu de désaccords peuvent surgir par suite de cette
coexistence des droits des communes et des Fabriques sur les mêmes édifices, du moins à l'occasion des
bancs. L'article 136-12° de la loi du 5 avril 1884 permet
bien encore le recours à la commune pour les grosses
réparations à effectuer à l'église, mais jamais l'on ne
considérera comme grosses réparations celles qui de-
viennent nécessaires pour un banc attaché à la muraille,
quelles qu'elles soient.

Nous n'apercevons de conflits possibles que sur un
point, à savoir sur l'exercice des actions qui concer-
nent les bancs et auxquelles peuvent prétendre les
communes et les Fabriques. Nous ne saurions attribuer
tout droit d'action à la Fabrique, comme le fait un arrêt
de la Cour de Nancy (1) demeuré d'ailleurs isolé, car
les communes ayant dans leur domaine public les bancs
comme les églises auxquelles ils sont attachés ont tout
au moins le droit de faire respecter leur domanialité
et leur affectation au culte. Nous nous éloignons aussi
de l'opinion des jurisconsultes qui enseignent que les
rapports de commune à Fabrique sont ceux de nu-
propriétaire à usufruitier et qui veulent que toutes les
actions qui se rapportent à la jouissance appartiennent
à la Fabrique, tandis que les actions réelles appartien-
draient au nu-propriétaire. Cette doctrine, qui est celle
du Conseil d'État, d'après des décisions à la vérité
anciennes, admet en bloc l'application du titre de
l'usufruit, au Code civil (2). Pour nous, bien qu'ad-

(1) Cité par M. Borde, *op. cit.*, p. 183.
(2) Voir Conseil d'État, 15 juin 1832. — Voir Dalloz,
Répertoire alphabétique, v° *Commune*, n° 441. — Dufour,
op. cit., t. VI, p. 246. — Voir aussi Block, *Dictionnaire de
l'administration*, p. 959, n° 81.

mettant, en principe, le droit d'usufruit de la Fabrique
et celui de nue-propriété de la commune, nous pensons,
ainsi que nous l'avons déjà fait observer, qu'en raison
des obligations toutes particulières qui leur incombent,
les Fabriques ont plus de droits en matière d'actions
que les usufruitiers ordinaires ; nous croyons, avec M.
Dufour et avec M. Charles Borde (1), que l'intérêt est
la mesure des actions. « La commune a-t-elle un intérêt
direct au procès, dit M. Dufour, c'est à elle d'agir ;
l'action, au contraire, ne concerne-t-elle que les intérêts
de la paroisse, intérêts confiés à la Fabrique, la Fabrique seule a qualité. Enfin, le sujet de litige est-il
de nature à se rattacher sous un rapport à l'intérêt
commun et sous un autre rapport à l'intérêt paroissial,
l'action appartient également et à la commune et à la
paroisse. »

Voici l'application que l'on peut faire aux bancs de
ces principes : Investie par le décret du 30 décembre 1809 du droit de disposer des diverses parties
de l'église, d'y concéder des bancs ou des places sans
le moindre concours de la commune, la Fabrique,
suivant nous, a le droit d'exercer les actions relatives
à la concession temporaire des bancs ; elle a le droit
de vérifier les concessions anciennes, quelles que
soient leur nature et leur cause, « alors même, dit un
arrêt de la Cour de Limoges du 3 mai 1836, que la
discussion mettrait en question la propriété du sol de
l'église, parce que, dans ce cas, la question de propriété, quelle que puisse être son importance, se rat-
tache à l'exercice d'un droit qui lui est exclusivement

(1) Voir Ch. Borde, *op. cit.*, p. 189. — Dufour, t, VI p.
274.

propre, celui de l'usage, de la jouissance, de la libre
disposition de toutes les parties du temple, d'où dé-
rive celui de vérifier toutes les prétentions qui portent
atteinte à ce droit, de rechercher si ces droits, concessions ou réserves ont été légalement établis dans le
principe, s'ils n'ont pas été abolis, etc.,. (1). » M. Dufour voit dans ce droit d'action de la Fabrique la
conséquence de l'obligation qui lui est faite de veiller
à l'entretien du temple et d'assurer les moyens de
pourvoir aux frais du culte (2).

Nous croyons cependant, avec M. Charles Borde,
qu'il ne faut pas refuser tout droit d'action aux communes ; il nous semble que s'il s'agissait d'un droit de
concession ordinaire ou viager d'un banc d'église, la
commune ne pourrait combattre les prétentions des
particuliers, parce que la Fabrique représentant la
paroisse a, dans son domaine exclusif, la distribution,
la location et la concession des places et des bancs, et
parce que la commune n'y aurait aucun intérêt (3).

(1) Voir Limoges, 3 mai 1836, (Dalloz, 37, 2, 97). C'est
aussi la doctrine de l'arrêt de cassation du 7 juillet 1840
dont les principaux motifs sont rapportés dans Dufour,
t. VI, p. 270 et suiv. ; Une dame de Maulmont, prétendant
à la propriété ou à l'usage d'une chapelle ou d'un banc
dans l'église paroissiale de Sainte-Feyre, la Fabrique
l'ayant assignée à l'effet de voir dire qu'elle serait tenue
de justifier de son titre, Mme de Maulmont soutenait que
la commune étant propriétaire de l'église avait seule qualité pour intenter une action relative à la propriété d'une
portion de l'édifice religieux. Cette exception fut rejetée par
arrêt de la Chambre civile.
(2) Voir Dufour, t. VI, p. 275.
(3) L'intérêt qu'a la commune à ce que la Fabrique ne
laisse pas tarir la source de ses revenus, parce qu'elle est
tenue de suppléer à leur insuffisance, fût-il né et actuel,

Mais ils s'agissait d'un droit perpétuel, comme la propriété de l'édifice y serait en quelque manière engagée, nous reconnaissons que le droit d'agir en justice n'appartiendrait plus seulement à la Fabrique, mais appartiendrait aussi à la commune. — La commune n'a jamais à intervenir, bien entendu, lorsque le banc, même immeuble, appartient à la fabrique.

2. *Cas où la Fabrique est propriétaire de l'église.* — Quand l'église appartient à la Fabrique, au lieu de louer ses bancs en qualité d'usufruitière, elle les loue en qualité de propriétaire. Dans ce cas, elle seule a le droit d'exercer les actions dans toute sa plénitude; en effet, outre les pouvoirs que lui donnent son droit de jouissance et les obligations particulières qu'elle assume, elle a de plus tous les pouvoirs des propriétaires.

Bien que les églises de Fabrique soient des dépendances du domaine public, ainsi que nous allons le montrer, et que les Fabriques en soient propriétaires, les locations de bancs et chaises ne sont point ici encore des concessions sur le domaine public, mais des baux de nature privée; les articles 68 et 70 du décret de 1809 sont formels, ne font aucune distinction, et toutes les raisons que nous avons données plus haut, à propos de la Fabrique usufruitière, s'appliquent à la Fabrique propriétaire. D'ailleurs, ce n'est pas le seul exemple d'un droit de nature privée exercé par personne administrative sur une dépendance du domaine public lui appartenant. L'État n'a-t-il point sur les fleuves et rivières navigables qui sont dans son

n'est pas assez direct, suivant M. Dufour, pour autoriser une action.

domaine public un droit de pêche qui est de nature privée ?

Nous disons que les églises de Fabriques sont dans le domaine public des Fabriques. Sans doute, la théorie traditionnelle du droit administratif n'attribue pas de domaine public aux établissements publics, il n'en attribue qu'à l'État, aux départements, aux communes et aux colonies ; mais nous croyons que cette théorie, déjà critiquable en principe, doit ici fléchir et qu'elle trouve dans le cas que nous étudions une exception nécessaire. Le critérium qui permet de déterminer si un édifice doit être mis au nombre des dependances du domaine public est, en effet, dans la seule affectation de cet édifice à l'utilité publique (1) ; or, les églises des Fabriques aussi bien que celles des communes sont évidemment affectées à cette utilité (2).

De plus, il n'y a aucun texte qui interdise aux établissements publics d'avoir un domaine public ; la théorie qui leur dénie ce droit ne repose, en somme, que sur une constatation de fait qui, se trouvant erronée, doit faire place à une conception plus juste et plus large. M. Hauriou avait d'ailleurs ouvert les voies à notre doctrine en reconnaissant que la théorie traditionnelle a quelque chose d'arbitraire (3).

(1) Voir M. Hauriou, *op cit.*, p. 629.
(2) Cass., 1ᵉʳ décembre 1823, S. VII, 1, 345 ; Cass., 19 avril 1825, S. VIII, 1, 106 ; Cass·, 18 juillet 1838, S, 1838, 1, 108 ; Cass., 5 décembre 1838, S, 1839, 1, 33. — Cour de Paris, 18 février 1851, etc... Cour de Caen, 28 décembre 1896, arrêt rapporté dans la *Revue administrative du culte catholique*, avril 1897, p. 118.
(3) M. Hauriou, *op, cit.*, p. 637.

CHAPITRE III

DES DROITS RÉSULTANT DE L'OPÉRATION DE CONCESSION
OU DE LOCATION,

Dans un 1er paragraphe, nous nous occuperons des droits et obligations des locataires et concessionnaires ; dans un deuxième nous parlerons des droits et obligations des fondateurs et bienfaiteurs.

§ 1. — *Droits et obligations des locataires et concessionnaires.*

La Fabrique, louant les sièges, soit en qualité de propriétaire, soit en qualité d'usufruitière, est astreinte à toutes les obligations du bailleur et, faute, par elle de s'en acquitter, le concessionnaire pourrait demander la réduction du prix ou même la résiliation du contrat (1). Aux termes de l'article 1719 du Code civil, la Fabrique est tenue : 1° de délivrer au preneur la chose louée, à moins, bien entendu, d'une convention parti-

(1) *Journal des Conseils de Fabrique*, t. VIII, p. 207 ; t. IX, p. 24.

culière mettant la construction du banc ou la fourniture
de la chaise à la charge du concessionnaire ; 2° d'entre-
tenir ce siège en état de servir à l'usage pour lequel il
a été loué ; 3° d'en faire jouir paisiblement le preneur
pendant la durée du bail. Elle doit de plus, suivant
l'article 1720, délivrer la chose en bon état de réparations de toute espèce et y faire pendant la durée du
bail toutes les réparations qui peuvent devenir nécessaires autres que les locatives. Quant aux concessionnaires, ils sont évidemment tenus des réparations locatives que l'article 1754 met à la charge du preneur ;
ces réparations ne cesseraient de leur incomber qu'en
cas de convention contraire ou que si elles étaient
occasionnées par vétusté ou force majeure.

Si l'acte d'adjudication ou l'usage des lieux mettent
certaines réparations déterminées au compte du preneur, il n'y aura donc aucune difficulté; mais en
l'absence d'usages et dans le cas de silence du titre, on
peut parfois se demander avec embarras si telle ou telle
réparation est ou non locative, si par suite c'est la Fabrique ou le concessionnaire qui doit l'accomplir. Le
Journal des Conseils de Fabrique prévoit un certain
nombre d'hypothèses pratiques dont nous croyons
utile de reproduire l'énumération (1) : « Si quelques
planches d'un banc sont plus ou moins détachées ; si
pour les rattacher ou les consolider il est nécessaire de
mettre quelques clous ou quelques pointes ; si un banc
étant appuyé à une muraille il est nécessaire de récré-
pir le bas de cette muraille jusqu'à la hauteur d'un
mètre ; si les coffrets qui, en diverses localités, sont

____

(1) Voir *Journal des Conseils de Fabrique*, t. III, p. 475,
cité d'après André, *op. cit.*, t. I, pp. 440-441.

joints aux bancs et servent à serrer les livres de
prières se trouvent brisés ou si les serrures de ces
coffrets sont détériorées; si une partie du banc a été
brûlée ou charbonnée, ce qui arrive quelquefois au
moyen des bougies qu'on porte aux offices du soir; si
un banc a été coupé ou entaillé avec un couteau ou un
canif; si la forme ou la figure du banc a été changée;
si quelque planche ou quelque ferrure a été enlevée;
si la porte de clôture du banc, les gonds, la targette ou
la serrure de cette porte demandent quelques réparations, ces diverses réparations doivent être réputées
réparations locatives et mises à la charge du locataire
du banc, parce que, en général, la nécessité de sem-
blables réparations provient de sa faute ou de celle de
sa famille ou de ses gens. »

« Mais si les bois employés à la construction des
bancs, étant de mauvaise qualité, se déjettent ou se
pourrissent; si les planches ou les carreaux qui garnis-
sent le sol sont détériorés par un long usage; si enfin les
bancs ont subi des dégradations par l'effet de la pluie,
de l'humidité ou de quelque autre cause que ce soit,
indépendante du fait des locataires, la charge de ces
réparations incombe tout entière à la Fabrique, » A
plus forte raison, déciderions-nous, qu'en l'absence de
toute faute de la part du concessionnaire, la reconstruction complète du banc, lorsqu'elle devient nécessaire, est à la charge de la Fabrique.

Contrairement à beaucoup d'auteurs, nous pensons,
qu'à défaut de convention ou d'usage contraire, les concessionnaires ont le droit de fermer leur banc en de
hors du temps des offices, d'empêcher le curé d'y
entrer et de lui interdire d'y faire placer à certains
jours ou à certaines heures les enfants du catéchisme,

les membres d'une congrégation ou d'une confrérie. — Dira-t-on, pour soutenir le contraire, que dans les contrats l'on doit avant tout rechercher la commune intention des parties contractantes, que le concessionnaire n'a eu l'intention d'obtenir un banc que pour la durée des offices, que telle a été l'étendue des droits qu'a voulu conférer la Fabrique, que, par conséquent, en dehors les offices, le curé ou la Fabrique peuvent user du banc comme ils l'entendent? Nous croyons que cette manière de raisonner ne serait pas juste. Si le concessionnaire a loué son banc purement et simplement, sans clause qui restreigne sa jouissance, l'on doit penser que la commune intention des parties a été d'établir un droit continu, de telle sorte qu'à toute heure du jour, tant que l'église reste ouverte, le concessionnaire puisse aller prier, faire ses exercices de piété en son banc, et cela à l'exclusion de tous les autres paroissiens. D'ailleurs, si l'on admet dans le banc d'autres personnes, s'il reste ouvert à tout le monde, qui ne voit que la majeure partie des dégradations proviendra du fait de tiers et qu'il sera dès lors impossible d'obliger le seul concessionnaire aux réparations locatives dont nous venons de parler? Il est souhaitable, il est vrai, que des clauses interviennent qui donnent à la Fabrique ou au curé des droits plus larges, qui réservent, par exemple, à la Fabrique la faculté de louer le banc à d'autres que le concessionnaire à certains jours de fêtes solennelles ou pour certaines cérémonies extraordinaires, clauses, qui donnent au curé le droit de faire placer dans le banc qui il voudra dès qu'un office est terminé, le tout, si l'on veut, en exonérant le concessionnaire de la totalité ou d'une partie de sa responsabilité; mais tout cela, encore une fois, doit reposer sur des clauses expresses.

Avec la plupart des auteurs, nous pensons que le concessionnaire peut admettre et faire asseoir dans son banc, non seulement sa femme, ses enfants, les membres de sa famille qui vivent avec lui, mais encore ses hôtes et ses domestiques. Ce qu'un concessionnaire ne peut jamais se permettre, c'est de céder ou sous-louer son droit à des personnes étrangères.

Tous les juristes sont de cet avis, mais ils ont appuyé leur solution sur des fondements divers. Avant d'exposer notre théorie, il ne sera pas inutile, croyons-nous, d'examiner les deux fondements, communément admis par les auteurs.

« Nous pensons, dit Mgr Affre, en parlant des sous-locations, que de pareilles concessions sont illégales parce que, d'après le décret du 30 décembre 1809, elles doivent être faites par le bureau de la Fabrique, avec l'autorisation du Conseil, du préfet ou du roi, selon les circonstances » — Comme le fait très justement remarquer le *Journal des Conseils de Fabrique* (1), cette raison n'est pas probante : les dispositions du décret de 1809 qu'invoque Mgr Affre ne statuent qu'à l'égard des concessions opérées directement par la Fabrique, elles sont complètement étrangères au droit que peuvent avoir les concessionnaires de sous-louer leurs sièges, et dès lors n'ont aucune force pour démontrer que les cessions ou les sous-locations sont invalides.

Mgr André, M. Camplon et bien d'autres voient dans le droit du concessionnaire un droit d'usage ; « Il y a lieu d'y appliquer, dit le premier de ces auteurs, autant que le comporte son caractère spécial, les règles géné-

(1) Voir *Journal des Conseils de Fabrique.* t. IX, p. 364.

rales en matière d'usage et les principes du Code civil
sur cette matière. Or, l'application de ces règles résout
la question de la manière la plus simple, la plus nette
et la plus satisfaisante; les droits d'usage ne peuvent
être ni cédés, ni loués (art. 631); le concessionnaire
d'un banc ne peut donc, d'après ce principe, ni céder
ni louer, à titre onéreux ou gratuitement, son droit à
la jouissance de ce banc; toute sous-concession sem-
blable, étant contraire à une disposition formelle de la
loi, serait nulle et de nul effet (1). »

Nous rejetons la théorie de Mgr André d'une façon absolue; d'abord, le décret de 1809 ne parle nullement
d'un droit d'usage, il ne parle que d'un bail; de plus,
Mgr André n'est-il pas amené logiquement à étendre son
principe aux simples locations de chaises, à décider
qu'elles confèrent un droit d'usage, un droit réel, et cela
parfois pour une seule demi-heure?

Quant à nous, nous restons fidèles au principe de la
location. Sans doute, l'article 1717 du Code civil porte
que le preneur a le droit de sous-louer et même de céder son bail à un autre, si cette faculté ne lui a pas été
interdite, mais il faut combiner ce texte avec l'article
1729 du Code civil : « Si le preneur emploie la chose
louée à un autre usage que celui auquel elle a été destinée ou dont il puisse résulter un dommage pour le
bailleur, celui-ci peut, suivant les circonstances, faire
résilier le bail. « Le preneur, ici, n'a loué sa chaise ou
son banc que pour en user personnellement; s'il loue
son droit ou le cède à titre gratuit, il cause un dommage au bailleur, à la Fabrique, à qui l'on eût loué

(1) Voir Mgr André, *Cours de la législation civile ecclésiastique*, t. I, p. 438.

d'autre places. Ne faut-il pas conclure que le concessionnaire sort de son droit en sous-louant son banc?

Nous devons nous demander enfin si le concessionnaire a le droit d'exercer les actions possessoires. — Il
n'y a pas, disons-le tout d'abord, de difficulté pour la
réintégrande ; cette action, donnée à tout possesseur
ou détenteur dépouillé par violence d'un immeuble cor-
porel à l'effet d'en recouvrer la possession ou la détention
peut, sans aucun doute, être exercée par le concessionnaire s'il se trouve dans les conditions requises, c'est-à-
dire si la possession et la détention étaient paisibles et
publiques, et si le délai d'un an, à compter du jour où
se sont produits la dépossession ou les faits de violence,
n'est pas encore écoulé. Des difficultés ne se présentent
que pour la complainte. Nous estimons que le simple
concessionnaire ne peut en user à l'égard des tiers qui
viennent le troubler ; nous croyons que la complainte
ne peut être intentée par un concessionnaire que lorsque celui-ci jouit de son droit, vis à vis des tiers, à titre non précaire, ce qui aura lieu quand, traitant avec
des particuliers, le contrat qu'il a conclu avec la Fabrique lui eût fait acquérir un droit réel : ici, à l'egard
des tiers comme à l'égard de la Fabrique, le concessionnaire n'est qu'un locataire, un simple détenteur
précaire, il ne peut donc exercer l'action possessoire.

§ 2. — *Droits et obligations des fondateurs et bienfai-*
teurs.

L'article 72 du décret du 30 décembre 1809 permet
à celui qui entièrement bâti une église de retenir la
propriété d'un banc ou d'une chapelle pour lui et sa

famille tant qu'elle existera ; il permet, en outre, à
tout donateur ou bienfaiteur d'obtenir la même concession sur l'avis du Conseil de Fabrique approuvé
par l'évêque et le ministre des cultes. Le texte emploie
le mot *propriété*, mais il est évident qu'il ne faut pas
attribuer à cette expression son sens strict. Tandis que
la propriété est, d'ordinaire, un droit absolu et perpétuel, ici elle revêt des caractères tout différents.
Bien que le droit de la famille du fondateur puisse
durer très longtemps il est certain que ce droit n'est pas
perpétuel, il a pour terme la mort du dernier des
descendants du fondateur ou du donateur ; de plus, il
n'est par absolu, car les trois attributs de la propriété
sont tronqués en lui : le droit d'user ne peut être exercé
que suivant la destination ordinaire des bancs d'église,
sans cela il se heurte facilement au droit de police du
curé ; le droit de jouir est restreint, lui aussi, puisque
le titulaire ne peut louer ou céder sa chose à titre gratuit pour les raisons que nous avons données en parlant
des simples concessionnaires ; enfin, le droit de disposer, *jus abutendi*, est à peu près anéanti par l'impossibilité d'aliéner au profit d'autres que les descendants,
impossibilité qui résulte *a fortiori* des raisons que nous
avons invoquées à propos de l'interdiction de sous-
louer, aussi bien que de l'art. 72.

Presque tous les auteurs sont d'accord pour donner
aux réservataires le droit de fermer leurs bancs à clef
et d'en interdire l'entrée aux paroissiens et au curé ;
pour nous cela ne fait aucun doute puisque nous avons
attribué ce même droit aux simples concessionnaires.
La plupart des auteurs s'entendent aussi pour mettre
à la charge des bienfaiteurs et fondateurs toutes les
réparations locatives ou autres, et même les frais de

reconstruction de leurs bancs : cette solution semble justifiée par le caractère de quasi-perpétuité de leur droit qui peut entraîner plusieurs reconstructions successives trop onéreuses pour la Fabrique.

Contrairement à ce que nous avons admis dans la première section de ce chapitre, à l'égard des concessionnaires ou simples locataires, nous pensons que les fondateurs, donateurs et bienfaiteurs ont le droit d'exercer la complainte à l'égard des tiers (1). — Seul, le caractère de domanialité publique de l'Église s'oppose à l'acquisition d'un droit réel de la part du fondateur ou du donateur (2). Si le contrat de donation eût été conclu avec un particulier, la réserve d'un banc eût certainement fait naître un droit réel. Vis-à-vis des tiers les bienfaiteurs et les fondateurs sont donc des détenteurs non précaires. Si quelqu'un vient les troubler, ils peuvent exercer la complainte ; mais vis-à-vis de la Fabrique ou vis-à-vis de la commune, ils ne peuvent intenter cette action, ils ne peuvent que demander en justice des dommages-intérêts pour l'inexécution du contrat.

Supposons maintenant que la Fabrique soit propriétaire de l'église, il est bien certain qu'à l'égard des tiers

(1) Cette doctrine paraît conforme à celle de l'ancien Droit qui permettait au patron d'intenter la complainte « pour trouble à lui fait dans son banc. » Voir arrêt du Parlement de Paris, du 7 mars 1570, rapporté dans Mareschal, *op. cit.*, p. 335.) — C'est aussi la doctrine de la Cour de cassation. — Req., 20 janvier 1879, — (Sirey 1880, 1, 465).

(2) Seul entre tous les auteurs, M. Batbie (*Traité de droit administratif*, t. V, p. 318, n° 342), affirme que les églises ne sont pas des dépendances du domaine public. Cet auteur reconnaît d'ailleurs que « son opinion est une véritable dissonance dans le concert des arrêts et des livres. »

l'on doit adopter le même principe que dans la précédente hypothèse. Mais les fondateurs et les bienfaiteurs ne peuvent-ils exercer la complainte contre la Fabrique elle-même ? Nous ne le pensons pas ; on pourrait peut-être leur accorder ce droit si l'on classait les églises de Fabriques parmi les dépendances du domaine privé, mais nous estimons, nous l'avons dit, que l'on doit voir en elles des immeubles du domaine public ; dès lors toute action contre la Fabrique se heurte à l'exception de domanialité, qui est infrangible.

CHAPITRE IV

DIVERS CAS D'EXTINCTION ET DE PERTE DU DROIT DE
BANC.

Nous allons énumérer les principales causes d'extinction et perte du droit de banc en nous bornant, pour certaines d'entre elles qui ne présentent aucune difficulté et aucun intérêt particulier, à une simple mention. Le droit à un banc concédé prend fin :

1° Par l'extinction de la famille, quand un fondateur ou un bienfaiteur a acquis ce droit pour lui et ses descendants, et par la mort du concessionnaire, s'il s'agit d'une concession ordinaire faite à vie (1) ;

2° Par la renonciation expresse au banc réservé ou concédé ;

3° Par la désertion de la paroisse de la part de simples concessionnaires. Certains faits peuvent être considérés comme signes de cette désertion ; par exemple, la vente de l'habitation et de tous les biens situés dans la paroisse, l'abandon de toute attache avec cette dernière accompagné de l'élection en un autre lieu du domicile

____

(1) Sous l'ancien droit, les femmes veuves, tant qu'elles restaient en état de viduité, jouissaient de la concession de banc faite à leur mari, de la même manière que celui-ci en jouissait. (Voir André, *op. cit.*, t. I, pp. 434 et suiv.)

principal; mais l'absence durant une partie de l'année ne saurait être regardée comme un signe suffisant. — Cette solution repose surtout sur l'ancienne jurisprudence et sur l'opinion des anciens auteurs (1).

On peut présumer que la législation actuelle, n'abrogeant pas par un texte formel l'ancien usage des églises, a voulu le maintenir et le consacrer.

On peut d'ailleurs appuyer cette manière de voir sur de fortes raisons juridiques. Remarquons d'abord que la Fabrique dont la mission est de veiller à la décence du culte et à la commodité générale des fidèles a intérêt à ce que les meilleures places de l'églises ne demeurent pas inoccupées pendant les offices.

Remarquons ensuite que l'on doit suppléer dans les contrats les clauses qui y sont d'usage, bien qu'elles ne soient pas exprimées (articles 1156 et 1160 du Code civil).

Or, il existait dans l'ancien droit un usage d'après lequel il était sous-entendu, dans toutes les locations de bancs, que ceux qui déserteraient la paroisse, seraient dépossédés de leur droit, — au bout d'un an, disait-on généralement. Les motifs qui déterminèrent cette clause tacite subsistent encore, nous venons de le voir; il faut donc, suivant certains auteurs, sous-entendre dans tous les contrats de cette nature qu'au bout d'un an, de plein droit, le banc sera perdu sans qu'il soit besoin de recourir à l'action en justice que permet l'article 1184 du Code civil. La résolution de plein droit fait partie intégrante de la clause présumée, et l'on sait que les conventions font loi entre les parties qui contractent (2).

(1) Voir Loyseau, *Traité des seigneuries*, ch. xii, n° 70. Jousse, *Gouvernement des paroisses* ch. ii, art. 2 § 3.

(2) Voir Carré, *Gouvernement des paroisses*, n° 272. Jour-

« Toutefois, pour prévenir les difficultés, dit sagement Mgr André, nous conseillons aux Fabriques d'insérer, soit dans le cahier des charges pour l'adjudication des bancs, soit dans un règlement sur ces bancs, un article général portant que toute concession sera résiliée de plein droit si le concessionnaire cesse de résider sur le territoire de la paroisse (1). » — Cette précaution sera surtout sage dans les localités, où la coutume de la révolution tacite par abandon de la paroisse ne s'est pas conservée.

4° Le droit de banc prend fin par la perte totale de la chose louée (art. 1722 C. c.), c'est-à-dire par la destruction de l'église ou de la partie d'église dans laquelle le banc est situé. La concession d'un banc comprend en effet, et le droit de jouir d'un banc et celui de jouir de la place qu'occupe ce siège ; on ne saurait donc considérer comme perte totale de la chose que la destruction du banc jointe à l'impossibilité de jouir de la place. Il faut pour qu'il y ait résiliation de plein droit, suivant l'article 1722, que la destruction provienne d'un cas fortuit. Si donc l'on faisait démolir l'église pour la reconstruire dans de meilleures conditions, la rendre plus grande, l'embellir, si même l'on était obligé de la démolir pour cause de vétusté, il n'y aurait pas cas fortuit et par conséquent pas de résiliation *ipso jure ;* pour obtenir résiliation, il faudrait s'adresser aux tribunaux (art. 1741,

---

nal des *Conseils de Fabrique,* 1850, p. p. 51, etc. Ces auteurs sont logiquement amenés à admettre qu'en cas de déclaration, faite conformément à l'article 101 C. c., la réadjudication des bancs abandonnés pourrait être immédiate.

(1) Voir André, t. J, p. 450.

art. 1184 du C. c.). De même, si la chose louée n'est détruite qu'en partie, le preneur ne peut que demander, suivant les circonstances, ou une diminution du prix ou la résiliation même du bail.

5° Le droit de banc est considéré, en général, comme perdu par le passage du concessionnaire à une autre religion que la religion catholique ; même lorsqu'il est question de bancs réservés accidentellement aux autorités, l'article 47 de la loi du 18 germinal an X ne parle de places privilégiées que pour ceux des fonctionnaires qui appartiennent à la religion catholique, ce qui montre bien que la législation actuelle s'est engagée dans la même voie que l'ancienne doctrine et l'ancienne jurisprudence, auxquelles nous empruntons notre opinion. Dans le cas de passage à une autre religion, le banc concédé à un fondateur, à un bienfaiteur ou à un donateur, n'est perdu qu'autant qu'aucun des membres de la famille n'est resté fidèle au catholicisme (1).

6° Les Fabriques étant assimilées à des mineures, les possesseurs de bancs qui les auraient obtenus à trop bon compte et léseraient les intérêts de la Fabrique pourraient en être dépossédés par les tribunaux. Cette décision, conséquence de la mise en tutelle des établissements publics, nous vient de l'ancien droit (2). En

(1) Voir Décision du Ministre des Cultes du 5 novembre 1808.

(2) La plupart des auteurs (voir Boyer, *Principes sur l'administration temporelle des paroisses*, t. I, p. 104 ; — Rousseau de Lacombe, *Dictionnaire*, v° Droits honorifiques ; de Roye, *De Jur honor.*, p 101) exigent, pour que la Fabrique puisse demander la résiliation, une lésion d'outremoitié ; nous préférons, avec M. Carré (*op. cit.*, n° 291 et

cas de fraude de la part des concessionnaires, la faculté de résiliation ne serait que mieux justifiée : *nemini sua fraus patrocinari debet.*

7° Le défaut de payement de la prestation annuelle peut motiver la résiliation du bail par sentence du juge. Les fabriciens, disons-le en passant, ne font qu'un acte administratif et ne se livrent nullement à un acte de violence relevant des tribunaux de simple police, en faisant enlever les chaises des paroissiens qui sont en retard pour le payement.

8° Nous croyons devoir rattacher à l'énumération qui précède un cas de perte du droit de banc, perte qui qui suivant les circonstances est partielle ou totale. — Si les dimensions d'un banc ou sa situation dans l'église sont telles que le service divin en soit gêné ou que l'on ne puisse placer dans l'église un objet nécessaire au culte divin, le curé ou l'évêque pourraient réduire ou supprimer ce banc après enquête. Si l'autorité ecclesiatique ne motivait sa décision sur des motifs sérieux elle s'exposerait, croyons-nous, à un recours pour abus. Si d'autre part la Fabrique n'offrait pas un concessionnaire un banc présentant les mêmes avantages que le premier, les tribunaux judiciaires seraient compétents pour prononcer, au profit des personnes lésées le payement d'une indemnité.

Quand un curé révoque ou réduit une concession, il y a toujours possibilité de recours à l'évêque ; celui-ci peut bien entendu agir *proprio motu*, de par le pouvoir de surveillance qui lui appartient sur tout ce qui intéresse le bon service du culte dans les paroisses.

suiv), rester fidèles aux principes généraux et ne fixer aucun chiffre. Toute lésion bien constatée peut, suivant nous, motiver la dépossession des concessionnaires.

Dans tous les cas un accord est nécessaire entre les curés et les Fabriques, car les travaux de déplacement et de modification des bancs sont de la compétence de ces dernières. S'il y a conflit, c'est l'Evêque qui doit décider.

TABLE DES MATIÈRES

FIN DE LA TABLE

Saint-Amand (Cher). — Imprimerie BUSSIÈRE,